**权威·前沿·原创**

皮书系列为
"十二五""十三五"国家重点图书出版规划项目

中国社会科学院创新工程学术出版项目

贵州房地产蓝皮书

**BLUE BOOK** OF
REAL ESTATE OF GUIZHOU

# 贵州房地产发展报告
## *No.6*（2019）

ANNUAL REPORT ON THE DEVELOPMENT OF
GUIZHOU'S REAL ESTATE No.6 (2019)

主　编／武廷方
副主编／李　烨　夏　刚
贵州大学贵州省房地产研究院

社会科学文献出版社
SOCIAL SCIENCES ACADEMIC PRESS（CHINA）

**图书在版编目（CIP）数据**

贵州房地产发展报告. No.6，2019／武廷方主编
. －－北京：社会科学文献出版社，2019.9
（贵州房地产蓝皮书）
ISBN 978 - 7 - 5201 - 5330 - 0

Ⅰ. ①贵…　Ⅱ. ①武…　Ⅲ. ①房地产业 - 经济发展 -
研究报告 - 贵州 - 2019　Ⅳ. ①F299. 277. 3

中国版本图书馆 CIP 数据核字（2019）第 171832 号

贵州房地产蓝皮书
**贵州房地产发展报告 No.6（2019）**

主　　编／武廷方
副 主 编／李　烨　夏　刚

出 版 人／谢寿光
责任编辑／张　超

出　　版／社会科学文献出版社·皮书出版分社（010）59367127
　　　　　地址：北京市北三环中路甲 29 号院华龙大厦　邮编：100029
　　　　　网址：www. ssap. com. cn
发　　行／市场营销中心（010）59367081　59367083
印　　装／天津千鹤文化传播有限公司

规　　格／开　本：787mm × 1092mm　1/16
　　　　　印　张：14.5　字　数：217 千字
版　　次／2019 年 9 月第 1 版　2019 年 9 月第 1 次印刷
书　　号／ISBN 978 - 7 - 5201 - 5330 - 0
定　　价／128.00 元

# 机构介绍

贵州大学创建于 1902 年，1951 年 11 月，毛泽东主席亲笔题写"贵州大学"校名；2005 年 9 月，成为国家"211 工程"大学；2012 年 9 月，被列为国家"中西部高校综合实力提升工程"14 所高校之一；2016 年 4 月，被列为中西部"一省一校"国家重点建设高校；2017 年 9 月，成为国家世界一流学科建设高校；2018 年 2 月，成为教育部、贵州省人民政府"部省合建"高校。

贵州大学秉承"明德至善 博学笃行"的校训，紧紧围绕立德树人根本任务，加快推进部省合建和"双一流"高水平大学建设，牢记嘱托、感恩奋进，为服务贵州"三大战略"，为决战脱贫攻坚、决胜同步小康，为开创百姓富、生态美的多彩贵州新未来做出更大贡献，奋力书写创建高水平大学实现百年辉煌的奋进之笔，谱写中华民族伟大复兴中国梦的新篇章。

贵州省房地产研究院是根据中共贵州省委黔党发〔2013〕12 号文件关于"进一步落实和扩大科研机构的法人自主权，积极引导和推进有条件的转制科研院所深化产权制度改革，建立现代企业制度，健全法人治理结构"的指导意见，通过资源整合共同成立的房地产专业研究机构，是以"科研体制创新，教学科研致用"为宗旨的独立法人新型研究院。研究院将以严谨的作风、中立的角度、独特的视角、翔实的数据、科学的理论服务于社会各界及贵州人民。

# 主要编撰者简介

**武廷方**　中国房地产估价师与房地产经纪人学会副会长，全国房地产经纪专业人员职业资格考试专家委员会副主任，清华大学房地产研究中心特邀研究员，中共贵州省委服务决策专家库专家，贵州省高等学校教学指导委员会委员，贵州省土木建筑工程学会副理事长，贵州省房地产研究院院长、教授。"房屋银行"模式发明人，所研发公租房"房屋银行，收储配租"模式受到中共中央政治局常委、国务院总理李克强批示表彰。

**夏　刚**　贵州省房地产研究院副院长，博士，副教授，国家注册造价工程师，中国软科学研究会理事。2008年至今在贵州财经大学从事房地产经济管理、工程项目管理等教学科研工作。在《经济研究》《土木工程学报》《中国土地科学》等核心期刊发表多篇论文。主要研究方向为房地产经济、住房保障、工程项目管理。

**刘洪玉**　清华大学建设管理系教授、博士生导师，清华大学土木水利学院副院长、房地产研究所所长。兼任贵州省房地产研究院名誉院长，中国房地产估价师与房地产经纪人学会副会长、住房和城乡建设部住房政策专家委员会主任委员、中国房地产业协会常务理事、国际房地产学会（IRES）理事、亚洲房地产学会（AsRES）理事等。主要研究领域为房地产经济学、房地产金融与投资、住房政策和土地管理。

**吴　璟**　清华大学建设管理系主任、副教授、博士，清华大学恒隆房地产研究中心执行主任，贵州省房地产研究院学术委员会委员、特邀研究员。

新加坡国立大学房地产研究院兼职研究员、美国城市和房地产经济学会（AREUEA）国际会议委员会委员、美国城市和房地产经济学会（AREUEA）会员、世界华人不动产学会会员。主要研究领域为城市和房地产经济学、住房政策、房地产投资。

**郑思齐** 贵州省房地产研究院首席研究员，美国麻省理工学院（MIT）城市研究与规划系和房地产中心副教授（终身教职），麻省理工学院STL房地产创新实验室教职主任（Faculty Director），清华大学恒隆房地产研究中心教授。著有《住房需求的微观经济分析》《城市经济的空间结构》等，主要研究领域为城市空间和城市体系可持续发展的经济机制，包括城市中"居住—就业—公共服务"的空间互动，交通基础设施和开发区等区位导向性政策对城市和区域发展的影响，绿色城市和消费城市的经济机制，土地供给对房地产市场和城市增长的影响机制等。

**李　烨** 管理学博士、教授，贵州大学管理学院院长，贵州大学企业创新与发展研究所所长，贵州省高校哲学社会科学学术带头人，贵州大学首批学科学术带头人，贵州省小微企业商会管理顾问。主持包括国家自然科学基金项目、国家哲学社会科学基金项目、贵州省优秀科技教育人才省长基金项目、中国环境意识项目、贵州省教育厅人文社科基金项目等在内的纵向课题10余项，参与国家自然科学基金项目3项。带领团队完成了《贵阳市产业竞争力评价及提升策略研究》等10多项横向课题的研究工作。

# 摘　要

《贵州房地产发展报告 No.6（2019）》以严谨的作风、中立的角度、独特的视角、翔实的数据、科学的理论探究贵州省房地产市场的行业发展动态。全书由总报告、土地篇、住房保障篇、金融篇、地区篇、专题篇组成。总报告对 2018 年贵州省房地产市场的发展状况进行了全面综合的分析，其余各篇分别从不同的角度对贵州省各市（州）房地产市场的发展进行了不同解析。报告数据收集详尽，真实客观地反映了 2018 年各市（州）的房地产发展状况，对各市（州）房地产行业发展具有积极的参考指导价值。

贫困是贵州省延续了数百年的问题，脱贫攻坚、精准扶贫是唯一路径。《脱贫攻坚　住房为先——贵州以改善居住为先导的精准扶贫模式综述与展望》展现了贵州省在扶贫道路上所做出的成效，脱贫以安居为始，乐业以安居为基。

2018 年贵州房地产市场分化较明显：住宅商品房供需两旺，其他商品房需求萎缩；9 个市（州）房地产市场差异较大。商品住宅新开工面积增速 80.4%，创历史新高，远高于全国平均增速。商品住宅的销售价格、销售面积、投资、施工面积、竣工面积等指标的增速均高于全国平均水平。在 9 个市（州）商品房销售价格中，8 个市（州）上涨，涨幅最大的为贵阳的 29.1%，安顺下跌2.4%；房地产开发投资方面，涨幅最大的为黔西南的 42.5%，4 个地区下跌（贵阳、毕节、六盘水、黔东南）；遵义商品房销售面积增速最快，占全省比重首次超过贵阳。

2019 年，预期贵州省房地产供给持续增加，商品房销售面积、销售价格等增速下降。

**关键词：** 分化　贵州省　房地产市场

# 序 言

2018 年央视《经济半小时》栏目就贵阳市房价同比上涨较大对我进行了专题采访，答记者问时我曾提到"贵州房地产蓝皮书"其实早在半年前就对此作了预判，"贵阳市 2017 年商品住宅均价低于周边省会城市 20% 左右，房价洼地的市场状态将在 2018 年有较大改变"，2018 年 6 月贵阳房价果然同比上涨了 30%。央视节目主持人在节目播出时对我们的预判和价格洼地研究作了肯定。

市场研究最难的就是对市场的发展和走势有较为准确的预期，"贵州房地产蓝皮书"出版发行 5 年来对贵州房地产市场的预期都达到了理性和符合实际的结果。

本书是我们编辑出版的第 6 本"贵州房地产蓝皮书"，本书回顾总结了近十年来房地产对贵州社会经济发展的贡献，发表了我院最新科研成果《脱贫攻坚，住房为先——贵州以改善居住为先导精准扶贫模式综述与展望》。我们将不忘初心，刻苦努力，坚持"科研创新，教学致用"的院训，为贵州的社会经济发展做出应有的贡献。

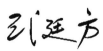

# 目　录

## I　总报告

## II　土地篇

## III　住房保障篇

## IV　金融篇

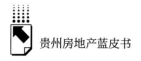

┌─────────────────────────┐
│ 皮书数据库阅读**使用指南** │
└─────────────────────────┘

# 总 报 告

**General Report**

# B.1

# 2018年贵州房地产市场分析及
# 2019年预测

总报告编写组*

摘　要：2018年贵州房地产市场分化较明显：商品住宅供需两旺，其他商品房需求萎缩；9个市（州）房地产市场差异较大。商品住宅新开工面积增速80.4%，创历史新高，远高于全国平均增速。商品住宅的销售价格、销售面积、投资、施工面积、竣工面积等指标的增速均高于全国平均水平。在9个市（州）商品房销售价格中，8个市（州）上涨，涨幅最大的为贵阳的29.1%，安顺下跌2.4%；房地产开发投资方面，涨幅最大的为黔西南的42.5%，4个地区下跌（贵阳、毕节、六盘水、黔东南）；遵义商品房销售面积增速最高，占全省比

---

* 规划审稿：武廷方、刘洪玉；报告执笔：夏刚、吴璟、李烨；资料收集：李华玲、胡蝶云、禹灿。

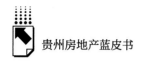
重首次超过贵阳。预期 2019 年贵州省房地产供给持续增加，商品房销售面积、销售价格等增速下降。

**关键词：** 贵州省　房地产市场　分化

# 一　2018年房地产市场分析

## （一）主要结论

2018 年贵州房地产市场价格大幅提高，商品房销售面积持续增加，房屋新开工面积高速增长。

（1）商品住宅新开工面积增速 80.4%，创历史新高；比全国平均水平高 60.7 个百分点。

（2）商品住宅销售价格增速 23.1%，增速仅次于 2009 年；比全国平均水平高 11.9 个百分点。

（3）商品房销售面积增速 10.3%，低于 2017 年；比全国平均水平高 9 个百分点。其他商品房销售面积下跌，跌幅高于全国平均水平。

（4）房地产开发投资增速 6.7%，高于 2017 年；比全国平均水平低 2.8 个百分点。

2018 年贵州房地产市场主要指标及与全国的比较见表 1。

表 1　2018 年贵州房地产市场主要指标及与全国比较

| 序号 | 指标 | 绝对量 | 同比增长（%） | 全国同比增长（%） |
| --- | --- | --- | --- | --- |
| 1 | 商品房销售面积（万平方米） | 5181.96 | 10.3 | 1.3 |
| | 其中：商品住宅销售面积 | 4441.44 | 14.0 | 2.2 |
| | 其他商品房销售面积 | 740.52 | −7.3 | −3.6 |

续表

| 序号 | 指标 | 绝对量 | 同比增长（%） | 全国同比增长（%） |
|---|---|---|---|---|
| 2 | 商品房销售价格(元/平方米) | 5637 | 18.1 | 10.8 |
| | 其中:商品住宅销售价格 | 5129 | 23.1 | 11.2 |
| | 其他商品房销售价格 | 8681 | 12.3 | 4.3 |
| 3 | 房地产开发投资(亿元) | 2349.2 | 6.7 | 9.5 |
| | 其中:住宅投资 | 1557.85 | 14.1 | 9.4 |
| 4 | 房屋新开工面积(万平方米) | 5689.2 | 71.8 | 17.2 |
| | 其中:商品住宅新开工面积 | 3983.8 | 80.4 | 19.7 |
| 5 | 房屋竣工面积(万平方米) | 1279.6 | 9.2 | −7.8 |
| | 其中:商品住宅竣工面积 | 841.59 | 7.2 | −8.1 |
| 6 | 房屋施工面积(万平方米) | 21953.33 | 7.7 | 5.2 |
| | 其中:商品住宅施工面积 | 13985.42 | 9.3 | 6.3 |

## （二）运行势态

**1. 商品房销售面积增速近三年逐年下降**

（1）基本情况

2018年贵州商品房销售面积为5181.96万平方米，同比增长10.3%，增速比全国平均水平高9个百分点。

分月度看，年初保持较高水平的增速19.1%，其他月份的增速保持在一个较平稳的状态，到年底下降到10.3%。

全年月度销售面积431.83万平方米。单月销售面积最高的是12月，为687.05万平方米；其次是6月，为642.59万平方米，与2017年单月销售面积最高情况类似。

由图1可见，2018年不同月份，贵州商品房销售面积增速均高于全国平均水平。

（2）贵州省9个市（州）商品房销售面积比较

2018年，商品房销售面积最多的是遵义，其次是贵阳。遵义首次超过贵阳，成为贵州商品房销售面积冠军。销售面积最少的是六盘水。从占比看，遵义为25.8%，比贵阳高5个百分点。贵阳占比从2001年最高值

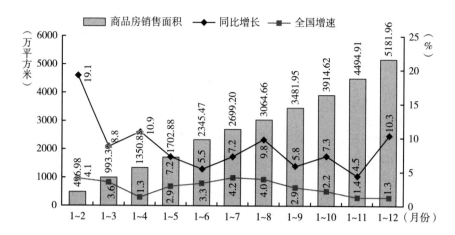

**图1　2018年贵州省房地产开发企业商品房销售面积及同比增长**

资料来源：贵州数据来自贵州省统计局网站，全国数据来自国家统计局网站。

53.7%持续下滑，2018年比2017年下降2个百分点。六盘水占3.6%。从同比增长速度看，遵义、毕节、黔西南州均超过20%，铜仁、黔东南州超过10%，安顺、贵阳、黔南州个位数增长，六盘水大幅下跌（见图2）。

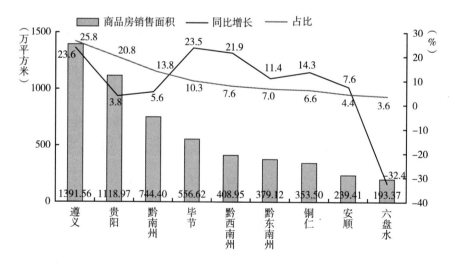

**图2　2018年贵州9个市（州）商品房销售面积、同比增速、占比**

资料来源：9个市（州）房地产管理部门，笔者计算整理。由于统计口径差异，本图加总面积不同于图1。

9个市（州）商品住宅销售面积、同比增速、占比见图3。排序与商品房销售面积相同。遵义最高，为1125.37万平方米，其次是贵阳，六盘水最低。从增速看，最高是六盘水，达30.0%，远远高于其他地区。贵阳增速最低，为8.0%。

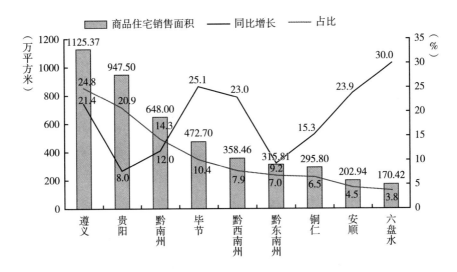

**图3  2018年贵州9个市（州）商品住宅销售面积、同比增速、占比**

资料来源：9个市（州）房地产管理部门，笔者计算整理。

从商品房结构看，商品房主要由商品住宅构成。商品住宅销售面积占商品房销售面积比重最低的是遵义，为80.9%；其次是黔东南州，为83.3%；最高为六盘水，为88.1%（见图4）。2002～2017年我国商品住宅销售面积占商品房销售面积的平均比重在81.0%～95.2%区间，2018年遵义偏离了该区间，其他市（州）处于区间内。

（3）纵向比较，2018年商品房销售面积增速低于2017年，近三年来销售面积增速逐年下降

自1998年住房市场改革以来，贵州商品房销售面积呈现快速增长态势，从2002年的424.85万平方米增加到2018年的5181.96万平方米，增加了11.2倍。由图5可见，仅2008年为负增长，2004年持平，其他年份增速均大于零。

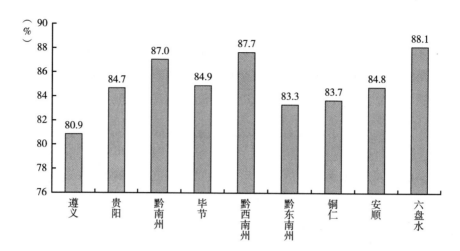

**图4 2018年贵州9个市（州）商品住宅销售面积占商品房销售面积比重**

资料来源：9个市（州）房地产管理部门，笔者计算整理。

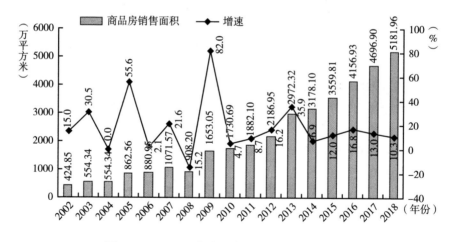

**图5 2002～2018年贵州商品房销售面积及增速**

资料来源：国家统计局网站。

（4）商品房销售面积构成情况

2003～2017年贵州商品房销售面积构成如图6所示，商品房包括商品住宅、商业营业用房、办公楼和其他。由图6可见，商品住宅占比最高，其次是商业营业用房，两者占比之和超过95%，办公楼和其他用房占比低于5%。

2002～2017年中，2015～2017年商品住宅占比保持平稳态势，2015年为82.7%，2016年为82.5%，2017年为82.9%。从2013年开始商品住宅占比持续下降，到2016年占比82.5%，是近十年来最低占比水平；商业营业用房平均占比为7.9%；办公楼平均占比为1.9%，其他用房平均占比为2.2%。

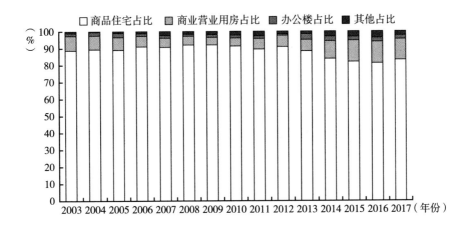

**图6　2003～2017年贵州商品房销售面积构成**

资料来源：国家统计局网站。

与全国其他省份比较。2002～2017年商品住宅销售面积占比排序如图7所示，占比最高的为海南（95.2%）；其次是陕西（92.6%）、广西（91.8%）、西藏与山西（91.5%）。占比最低的是北京（81.0%），其次是福建（83.4%）、浙江（83.5%）、内蒙古（83.9%）。贵州从高到低，排第23位，即有22个省份的商品住宅占比高于贵州。

2002～2017年商业营业用房销售面积占比如图8所示。宁夏（10.93%）占比最高，其次是内蒙古（10.88%）、黑龙江（10.17%）、安徽（9.2%）。贵州从高到低，排第5位，排名比较靠前。占比最低的是海南（3.1%）、陕西（4.05%）、天津（4.63%）。上海、北京处于较低水平。

2002～2017年办公楼销售面积占比如图9所示。从图9可见，占比最大的是北京（10.3%）远大于其他省份，其次是上海（5.4%）、浙江

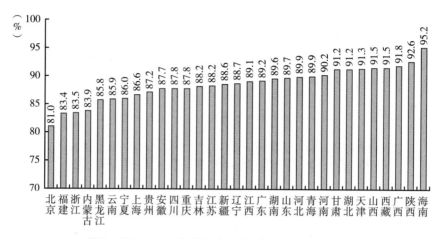

**图7 2002～2017年我国商品住宅销售面积占比排序**

资料来源：国家统计局网站，笔者计算整理。

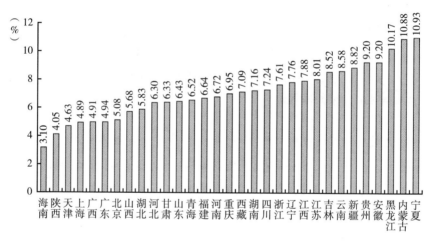

**图8 2002～2017年我国商业营业用房销售面积占比排序**

资料来源：国家统计局网站，笔者计算整理。

（4.2%）、福建（3.8%）。这四个省份的占比明显高于其他地区。占比最小的是海南（0.7%），有4个省份占比小于等于1%，依次是海南（0.7%）、辽宁（0.9%）、广西与黑龙江（1.0%）。天津、陕西、贵州均为2.0%，排第8位。

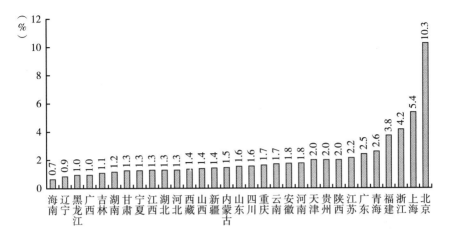

**图9  2002～2017年我国办公楼销售面积占比排序**

资料来源：国家统计局网站，笔者计算整理。

（5）横向比较，2018年贵州商品房销售面积增速远高于全国平均水平

横向比较，我国4个地区中，东部与东北地区处于下降状态，东部地区下降5.0%，东北地区下降4.4%，西部地区增速最大，为6.9%，中部地区与西部地区增速相差0.1个百分点，远高于全国平均增速。贵州增速远高于其他地区增速（见图10）。

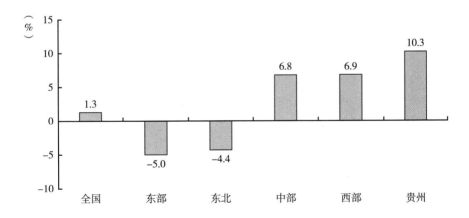

**图10  2018年不同区域商品房销售面积增速**

资料来源：贵州数据来自贵州省统计局，其他数据来自国家统计局网站《2018年全国房地产开发和销售情况》。

在西部地区 12 个省份中，商品房销售面积有 8 个省份正增长，4 个省份下跌（见图 11）。商品房销售面积增长最快的是西藏（37.7%）、跌幅最大的是青海（-9.3%），然后是内蒙古（-2.9%）。贵州排第 4 位，与四川基本持平。

在不包括东北三省的所有省份，贵州商品房销售面积增速列第 4 位（见图 12），增速最大的是西藏（37.7%），然后是广西（20.1%）、四川（12.3%）、贵州（10.3%）。

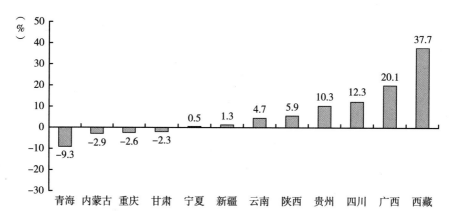

**图 11　2018 年西部地区商品房销售面积增速排序**

资料来源：各省统计局网站。

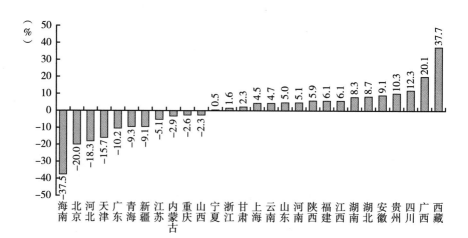

**图 12　2018 年我国部分省份商品房销售面积增速排序**

资料来源：各省统计局网站。

2. 商品房销售价格增速全年保持较高水平

（1）基本情况

2018年贵州商品房销售价格为5637元/平方米，同比增长18.1%。分月度看，房价呈逐月上升态势（见图13）。

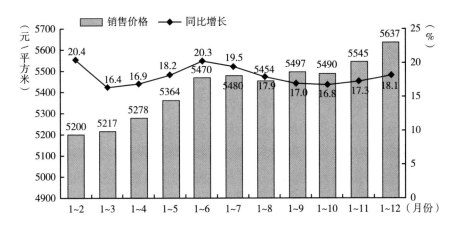

**图13　2018年贵州商品房销售价格及同比增长**

资料来源：贵州统计局，笔者计算整理。

（2）贵州省9个市（州）商品房销售价格比较

2018年，贵州省商品房销售平均价格最高的是贵阳，为9338元/平方米；最低是铜仁，为3888元/平方米。其他市（州）商品房销售平均价格处于4000～5000元/平方米。增速最高是贵阳，为29.1%，比贵州省平均增速高11个百分点；其次是六盘水，增速23.0%；只有安顺下跌。总之，不同市（州）价格波动差异较大（见图14）。

（3）比较分析

不同年份贵州商品房销售价格增速见图15。由图15可知，在2009年后商品房销售价格增速逐年下降，到了2016年出现了负增长，但2017年、2018年均是增长态势，2018年增速为18.1%，高于2003～2018年10.2%的平均增速。

不同区域商品房销售价格增速见图16。2018年全国商品房销售价格平均增速为10.7%，西部地区增速最高，中部地区增速最低。贵州增速高于

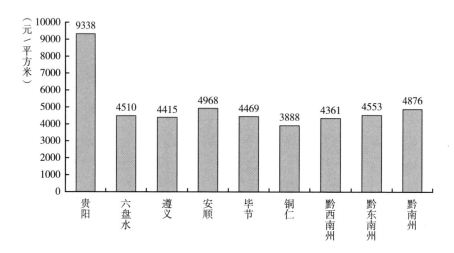

**图14 2018年贵州9个市（州）商品房销售平均价格**

资料来源：9个市（州）房地产管理部门，笔者计算整理。

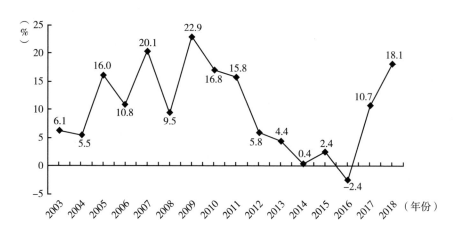

**图15 2003～2018年贵州商品房销售价格增速**

资料来源：贵州统计局网站。

西部地区平均增速，同时也高于全国其他地区增速。

贵阳市与周边省会城市新建商品住宅定基价格指数见表2，2005～2018年，新建商品住宅价格指数上涨幅度最大的是长沙，其次是南宁，贵阳第三，最低是昆明。

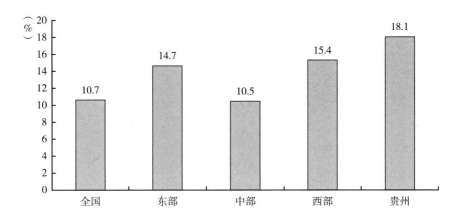

**图16 2018年不同地区商品房销售价格增速**

资料来源：贵州数据来自贵州统计局，其他数据来自国家统计局网站《2018年全国房地产开发和销售情况》，笔者计算整理。

**表2 2005~2018年贵阳与周边省会城市新建商品住宅定基价格指数**

| 年份 | 长沙 | 南宁 | 昆明 | 重庆 | 成都 | 贵阳 |
|---|---|---|---|---|---|---|
| 2005 | 100.0 | 100.0 | 100.0 | 100.0 | 100.0 | 100.0 |
| 2006 | 105.8 | 105.0 | 101.2 | 103.2 | 108.6 | 105.4 |
| 2007 | 115.9 | 115.3 | 104.1 | 111.4 | 118.5 | 113.6 |
| 2008 | 126.1 | 126.6 | 107.8 | 119.4 | 122.3 | 121.2 |
| 2009 | 127.8 | 125.9 | 109.0 | 120.9 | 122.6 | 125.5 |
| 2010 | 141.7 | 133.6 | 118.4 | 133.9 | 129.6 | 136.0 |
| 2011 | 152.8 | 136.9 | 125.6 | 139.5 | 133.9 | 142.1 |
| 2012 | 152.9 | 135.6 | 126.3 | 138.3 | 133.0 | 143.9 |
| 2013 | 165.6 | 144.2 | 132.8 | 147.8 | 142.1 | 151.1 |
| 2014 | 170.4 | 149.0 | 136.0 | 151.0 | 145.8 | 155.3 |
| 2015 | 160.4 | 144.2 | 128.7 | 143.3 | 139.7 | 150.3 |
| 2016 | 173.2 | 154.6 | 129.7 | 148.6 | 145.5 | 153.8 |
| 2017 | 199.2 | 171.8 | 138.7 | 164.4 | 147.6 | 166.2 |
| 2018 | 213.1 | 183.8 | 158.1 | 172.6 | 159.5 | 187.9 |

资料来源：笔者根据国家统计局网站《主要城市月度价格——新建商品住宅销售价格指数（上年=100）》计算，年度价格指数等于月度价格指数算术平均，定基指数根据年度价格指数计算。

### 3.2018年房地产开发投资增速持续增长

#### （1）基本分析

2018年贵州房地产开发投资2349.2亿元，同比增长6.7%。分月度看，1~8月增长态势呈上升趋势，8月之后增长呈下降趋势，到12月增长为6.7%（见图17），比贵州固定资产投资增速低9.1个百分点。

全年平均月度投资195.77亿元，月度投资最大的是6月的304.4亿元，其次是11月的280.6亿元。

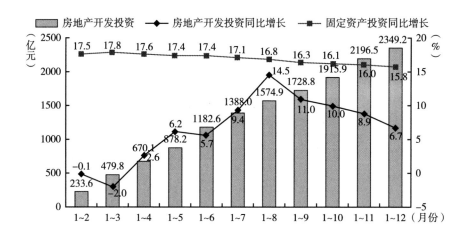

**图17 2018年贵州省房地产开发投资及同比增长、固定资产投资同比增长**

资料来源：贵州省统计局。

#### （2）贵州省9个市（州）房地产开发投资比较

2018年，贵州房地产开发投资额最大的是贵阳，达986亿元，占全省房地产开发投资的38.3%；其次是遵义，占比全省房地产开发投资26.0%；六盘水投资最小，占比为2.7%（见图18）。

从房地产开发投资增速看，黔西南州增速最大，达42.5%；其次是安顺，（30.9%）、遵义（18.5%），均远远高于全省平均增速。投资额下跌的有贵阳、毕节、六盘水、黔东南州等四个地区，毕节跌幅最大，为－14.5%。总之，投资增速的地区差异大于商品房销售面积增速差异。

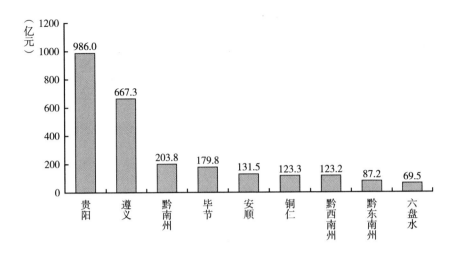

**图18 2018年贵州9个市（州）房地产开发投资额**

资料来源：9个市（州）房地产管理部门，笔者计算整理。

（3）纵向比较，近三年来房地产开发投资增速逐年增加

2002～2018年贵州省房地产开发投资平均增速为24.7%。2016年首次出现负增长，2017年、2018年两年增速逐年提高，但还是远远低于增速平均水平（见图19）。

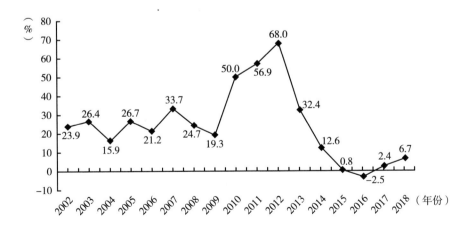

**图19 2002～2018年贵州省房地产开发投资增速**

资料来源：国家统计局网站，笔者计算整理。

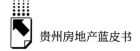

（4）纵向比较，不同用途房地产开发投资增速波动较大

2003～2018 年，贵州不同用途房地产开发投资平均增速分别为：住宅 26.1%、商业营业用房 31.4%、办公楼 27.7%。平均增速较前两年呈现下降趋势（见图20）。

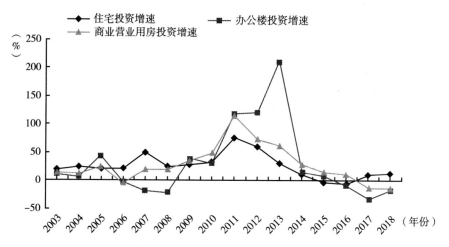

**图20　2003～2018 年贵州不同用途房地产开发投资增速**

资料来源：国家统计局网站。

（5）2018 年贵州房地产开发对经济增长的贡献率由负转正，投资率保持平稳态势

2018 年贵州房地产开发对经济增长的贡献率为 0.2%，在连续两年出现负值后，出现正值为 0.2%。在 2012 年达到峰值 73.8% 之后，几乎每年小幅度下降，但 2018 年较 2017 年贡献率小幅度上涨（见图21）。

（6）横向比较，2018 年贵州房地产开发投资增速列全国第 19 位，较上年排名有所下降

2018 年，全国房地产开发投资增速为 9.5%，24 个省份正在增长，7 个省份下跌，增速最大的是西藏（129.4%），其次是吉林（29.2%），下跌最大的是宁夏（-31.1%），其次是海南（-16.5%）（见图22）。

（7）横向比较，贵州住宅投资占比居全国倒数第 4 位，商业营业用房投资占比居全国第 4 位

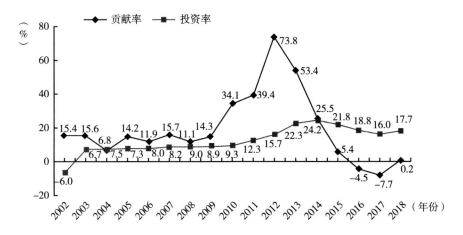

**图 21  2002～2018年贵州省房地产开发投资贡献率和投资率**

资料来源：国家统计局，笔者计算整理。

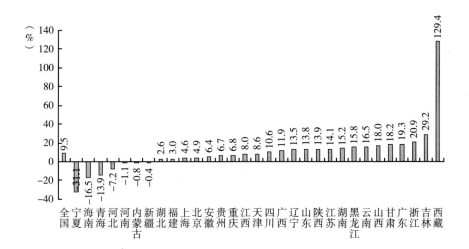

**图 22  2018年全国及各省份房地产开发投资增速排序**

资料来源：国家统计局网站。

2001～2017年，全国不同省份房地产开发企业住宅投资占房地产开发投资比重平均值排序见图23。全国平均为68.7%，即2001～2017年，每年住宅投资占房地产开发投资比重的平均值为68.7%。排名第一的是海南的77.6%，其次是河北的75.5%、河南的75.2%、山东的74.7%；高于全国平均水平的有 17 个省份，另外 13 个省份低于全国平均水平。最低为北京的 49.8%，其次是上海的 59.5%、青海的 62%。

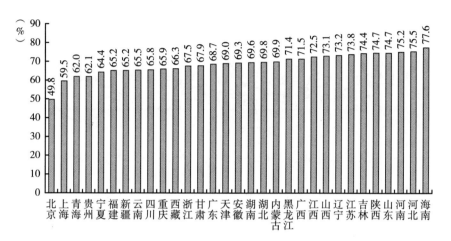

**图 23　2001～2017 年全国住宅投资占比排序**

资料来源：国家统计局网站，笔者计算整理。

2001～2017 年办公楼投资占比排序见图 24。全国平均为 4.8%，最突出的是北京、上海，分别为 14.6%、14.1%，远远高于排名第三的青海（6.6%），有 22 个省份的占比均低于全国平均水平，最低为海南的 1.7%，其次为黑龙江的 2.2%。贵州为 5.2%，从高到低排第 9 位，高于全国平均水平。

2001～2017 年商业营业用房投资占比排序见图 25。全国平均为 14.5%，有 15 个省份大于全国平均水平，其中新疆最高，为 21.7%，其次为宁夏的 20.3%、青海的 19.3%，贵州排第 4 位。低于全国平均水平的有 16 个省份，其中最低的为海南的 8.7%，其次是北京的 9.9%，广东的 11.1%。

4. 房地产开发到位资金国内贷款、自筹资金占比较低

横向比较，2002～2017 年不同资金来源占比平均水平排序，贵州国内贷款、自筹资金占比处于较低水平。

国内贷款占比越大，说明银行对房地产开发企业资金支持力度越大。国内贷款占比排序（见图 26），全国为 16.7%，大于全国占比的仅 9 个省份，

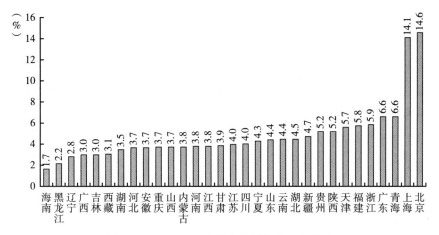

**图24 2001～2017全国办公楼投资占比排序**

资料来源：国家统计局网站，笔者计算整理。

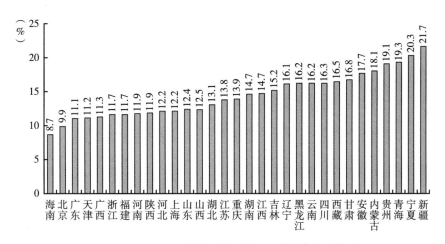

**图25 2001～2017年全国商业营业用房投资占比排序**

资料来源：国家统计局网站，笔者计算整理。

贵州（12.3%）排第22位，低于全国占比，最大的是北京与天津，占比都为27.2%，其次是上海（25.2%）、重庆（20.1%），占比最低的是内蒙古（6.5%），其次是黑龙江（7.3%）、山西（8.5%）。在31个省份中，21个省份国内贷款占比小于全国占比，说明国内贷款集中度较高，主要集中在直辖市（北京、上海、天津、重庆）和发达省份（浙江、江苏、广东）。

自筹资金占比排序见图27。2002～2017年全国平均值为36.5%，19个省份大于全国水平，内蒙古占比最大，为73.1%，其次是黑龙江（59.8%）、河北（58.6%）、吉林（55.8%）。占比最小的为北京（25.5%），其次是江苏（26.9%）、浙江（27.5%）。按从高到低顺序贵州排第19位，略高于全国平均水平。

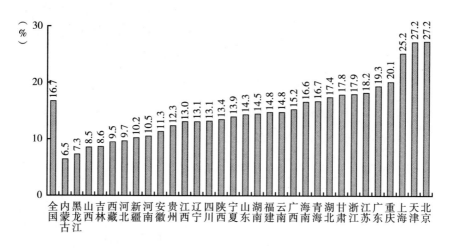

**图26　2002～2017年我国国内贷款占比排序**

资料来源：国家统计局网站，笔者计算整理。

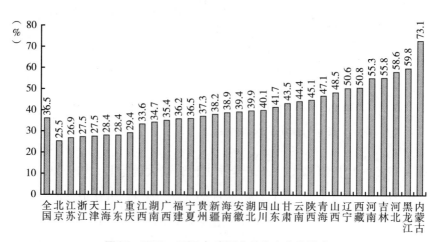

**图27　2002～2017年我国自筹资金占比排序**

资料来源：国家统计局网站，笔者计算整理。

其他资金占比排序见图28。2002～2017年全国平均占比水平为46.7%，大于全国平均占比的有13个省份，最大的为江苏54.9%，其次为浙江（54.5%）、江西（53.4%）；17个省份低于全国平均占比，最低是内蒙古（20.5%），其次是河北（31.7%）、黑龙江（32.9%）、河南（34.2%）。从高到低排序，贵州排第8位，高于全国平均占比水平。

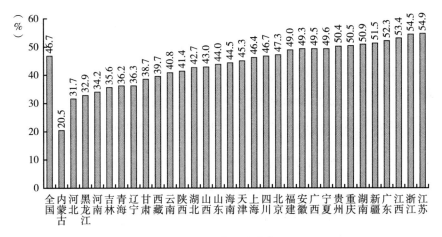

**图28　2002～2017年我国其他资金占比排序**

资料来源：国家统计局，笔者计算整理。

5. 土地购置面积增速持续保持较高水平

2018年，贵州房地产开发企业土地购置面积增速35.8%，2002～2018年，贵州省增速平均值为12.6%，全国平均增速为2.6%，远远高于全国平均增速。分年看贵州增速波动幅度远大于全国增速（见图29）。

6. 房地产开发企业房屋新开工面积同比增幅较大，增速高于全国平均水平

（1）基本情况

2018年贵州房地产开发企业房屋新开工面积5689.2万平方米，月平均新开工面积474.1万平方米，其中，11月新开工面积697.4万平方米，6月新开工面积656.6万平方米，5月新开工面积639.3万平方米，大于其他月份新开工面积，全年新开工面积增速呈现持续快速增长趋势，从6月开始，增速就保持在70%左右，年末比年初增长33.2个百分点。

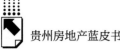

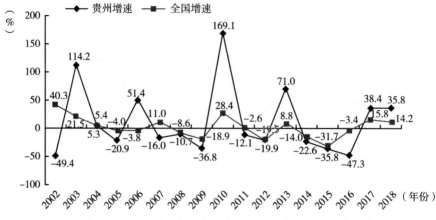

**图29　2002～2018年房地产开发企业土地购置面积增速比较**

资料来源：贵州数据来自贵州省统计局，全国数据来自国家统计局网站。

　　贵州房地产开发企业房屋新开工面积同比上升，上升幅度高于全国平均水平。2018年，贵州省房地产开发企业房屋新开工面积每月增速都大于全国水平，也远大于2017年的增速水平，高于2017年增速76.3个百分点（见图30）。

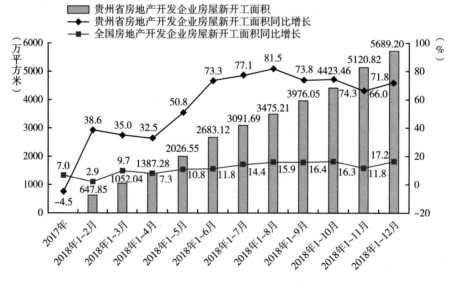

**图30　2018年贵州省房地产开发企业房屋新开工面积及同比增长、
全国房地产开发企业房屋新开工面积同比增长**

资料来源：国家统计局网站。

不同用途房地产开发企业房屋新开工面积增速如图31所示。商品住宅新开工面积增速高于其他类型，全年同比增长80.4%。办公楼新开工面积增速在第一季度与第二季度保持负增长，从第三季度开始，增速由负转正，全年增长28.3%。商业营业用房新开工面积增速全年保持正增长的态势，除了3月增长为3%、4月增长为3.5%保持较低水平外，其余月份增速均保持在20%左右。

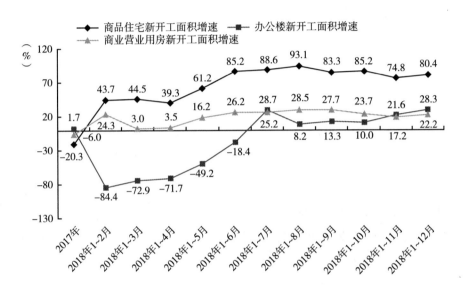

**图31　2018年贵州省房地产开发企业商品住宅、办公楼、商业营业用房新开工面积增速比较**

资料来源：国家统计局。

不同用途房地产开发企业房屋新开工面积占比见图32，商品住宅面积占比最大，明显高于2017年水平，全年高于2017年3.3个百分点；办公楼面积占比最小，且低于2017年0.6个百分点；商业营业用房面积占比低于2017年，全年低于2017年5.1个百分点。

（2）纵向比较，商品住宅新开工面积占比从2008年开始呈现总体下降趋势

2013～2015年商品住宅新开工面积占比下降14个百分点，但从2016年起显著增加，2018年较2015年占比上升13.4个百分点；同期，商业营业用房面积占比增加，从2016年下降，2018年较2015年下降11.8个百分点，办公楼

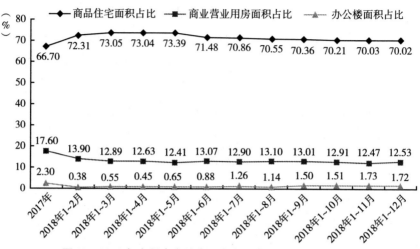

**图32 2018年贵州省房地产开发企业商品住宅、办公楼、商业营业用房新开工面积占比**

资料来源：国家统计局，笔者计算整理。

面积占比并无太大波动（见图33）。

由图33可见，2015年商品住宅面积占比处于历史最低水平，到2018年商品住宅面积占比上升到70.02%，2018年商业营业用房面积占比下降到12.53%，办公楼面积占比下降到1.72%。

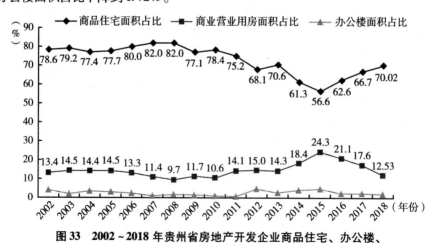

**图33 2002~2018年贵州省房地产开发企业商品住宅、办公楼、商业营业用房新开工面积占比**

资料来源：国家统计局，笔者计算整理。

（3）纵向比较，商品住宅新开工面积增速大幅度提高

2018年，贵州商品住宅新开工面积增速大幅度提高，从2017年增长1.7%增加到2018年的80.4%，是有史以来最高水平，远高于全国增速19.7%，同时全国增速较2017年只增加了9.2个百分点（见图34）。

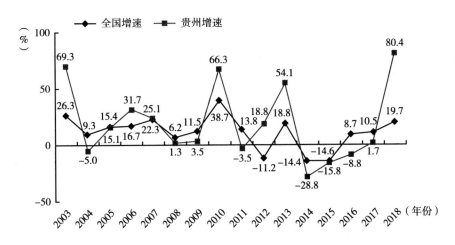

**图34　2003～2018年贵州省房地产开发企业商品住宅新开工面积增速比较**

资料来源：国家统计局网站，笔者计算整理。

（4）横向比较，贵州省房地产开发企业房屋新开工面积增速提升较快，全国排名第二，其中商品住宅增速全国排名第二，办公楼增速排名第八，商业营业用房增速排名第八

2018年中国不同省份房地产开发企业房屋新开工面积增速排序如图35所示。高于全国增速的有14个省份，正增长的有24个省份，贵州增速明显高于全国增速，且是西南地区增速最高的一个省份，在全国排第2位，仅次于西藏。低于全国增速的有17个省份，跌幅较大的有青海、宁夏。

贵州周边省份多呈上涨趋势，涨幅最大的是湖南，增长了35.1%，其次是重庆，增长了30%，涨幅最小的是云南，增长了17.9%。

商品住宅新开工面积增速全国平均值为19.7%，有16个省份高于全国平均增速，有26个省份正增长，增速最高的是西藏（307.1%），其次是贵

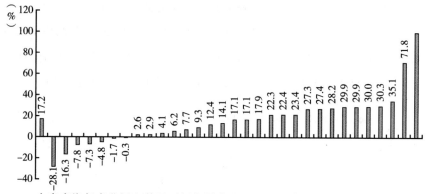

**图35　2018年中国不同省份房地产开发企业房屋新开工面积增速排序**

注：其中西藏的房地产开发企业房屋新开工面积增速为216.2%，为了图表协调，图中未标注。

资料来源：国家统计局网站。

州（80.4%），西藏与贵州的增速远高于其他省份；下跌最大的是宁夏（-16.4%），其次是青海（-13%）。

贵州周边省份全部上涨，涨幅最大的是湖南，涨了38.3%，其次是重庆，涨幅为36.9%，广西的涨幅最小，涨了27.6%，其次是四川，涨了28%，云南，涨了28.7%，总体来看，西南地区的涨幅高于全国其他地区的涨幅（见图36）。

办公楼新开工面积增速最大的为吉林（178.5%），其次是海南（140.1%），这两个地区增速明显高于其他地区，贵州（28.3%）排第8位，正在增长的有13个省份。下跌的有18个省份。跌幅最大的为青海（-83.5%），全国平均下跌1.5%，大于全国平均增速的有13个省份（见图37）。

商业营业用房新开工面积增速全国平均值为-2%，有15个省份大于全国平均水平增速，其中有14个省份为正的增速。增速最大的为西藏（249.8%），其次是内蒙古（38.5%）、吉林（34.6%），跌幅最大的是青海（-47.2%），其次是海南（-38.9%），其中贵州为22.2%，在全国排第8位。

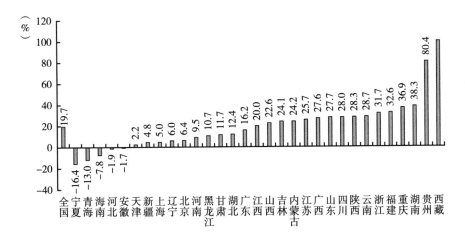

**图36　2018年中国不同省份房地产开发企业商品住宅新开工面积增速排序**

注：图中西藏的房地产开发企业商品住宅新开工面积增速为307.1％，为了图表协调，图中未标注。

资料来源：国家统计局网站。

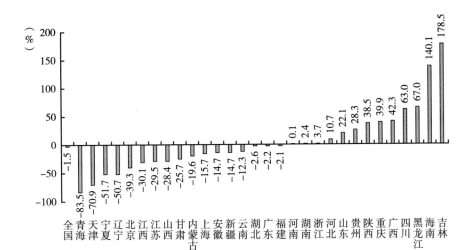

**图37　2018年中国不同省份房地产开发企业办公楼
新开工面积增速排序**

注：西藏数据缺失。

资料来源：国家统计局网站。

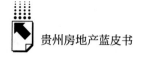

贵州周边省份，增速最高的为湖南（25.7%），其余都为负增长，其中下跌幅度最大的是四川（-16.2%）（见图38）。

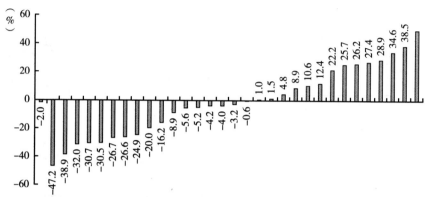

**图38　2018年中国不同省份房地产开发企业商业营业用房新开工面积增速排序**

注：图中西藏的房地产开发企业商业营业用房新开工面积增速为249.8%，为了图表协调，图中未标注。

资料来源：国家统计局网站。

对比图36、图37、图38，商业营业用房新开工面积和办公楼新开工面积同比下跌的省份最多，均为17个，商品住宅新开工面积同比增长的省份最多，增速极差最大的是商品住宅（323.5%），最小的是办公楼（262%）。

7.房屋竣工面积增速较上年大幅度提升，从全国最后一位上升到全国第五位

（1）基本情况

2018年贵州房地产开发企业房屋竣工面积为1279.64万平方米，平均月竣工面积106.6万平方米，1～10月竣工面积较少，到11月、12月竣工面积增速大幅度提升，11月竣工面积最多，达474.8万平方米，其次是12月竣工面积为303.9万平方米，远远高于其他月份。1～10月同比下跌37.8%，由于11月、12月竣工面积大幅度增加，全年竣工面积增速为9.2%（见图39）。

全年商品住宅竣工增速、办公楼竣工增速、商业营业用房竣工增速在1～10

月都呈下跌趋势，跌幅最大的是办公楼，其次是商业营业用房、商品住宅。全年办公楼竣工面积增速波动比较大，年初办公楼竣工面积增速为142.4%，到年底办公楼竣工面积增速为17%，商品住宅竣工面积增速全年波动较小，年初的增速为–14.5%，到年底增速转正为7.2%。商业营业用房竣工面积增速2月为76%，到12月增速为23.7%，全年增速下降52.3个百分点（见图40）。

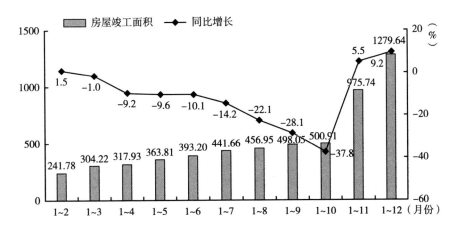

**图39　2018年贵州省房地产开发企业房屋竣工面积及同比增长**

资料来源：国家统计局网站。

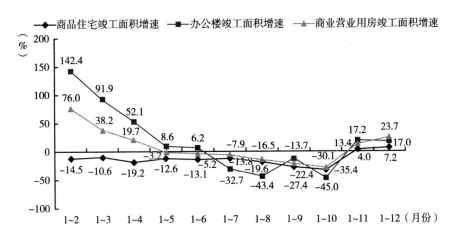

**图40　2018年贵州省房地产开发企业商品住宅、办公楼、
商业营业用房竣工面积同比增长**

资料来源：国家统计局网站。

从竣工房屋构成来看，商品住宅竣工面积占比远大于办公楼竣工面积、商业营业用房竣工面积占比，办公楼竣工面积占比最低，三者每月竣工面积增速波动较小，全年竣工商品住宅、商业营业用房、办公楼合计占比为87.4%（见图41）。

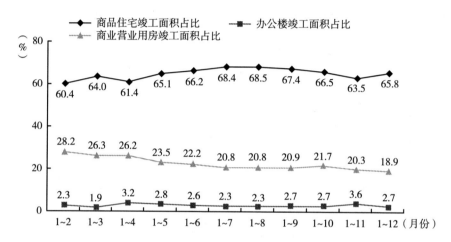

**图41 2018年贵州省房地产开发企业商品住宅、办公楼、商业营业用房竣工面积占比**

资料来源：国家统计局，笔者计算整理。

（2）纵向比较，2018年贵州房地产开发企业房屋竣工面积增速由负转正

贵州房地产开发企业房屋竣工面积增速在2015～2017年持续保持负增长，2017年下跌到-38.4%，到2018年增速由负转正，增速为9.2%，全国增速在2018年转为负增长7.8%（见图42）。

（3）纵向比较，房地产开发企业房屋竣工面积包括商品住宅竣工面积、办公楼竣工面积，商业营业用房竣工面积

2002～2018年商品住宅、办公楼、商业营业用房竣工面积占比平均值分别为71.4%、3.3%、11.7%，平均占比合计86.4%。2018年办公楼竣工面积占比较往年大幅度提高（2018年占比为18.9%），商业营业用房竣工面积占比较往年大幅度下降，2017年为16.7%，2018年为2.7%，下降14个百分点（见图43）。

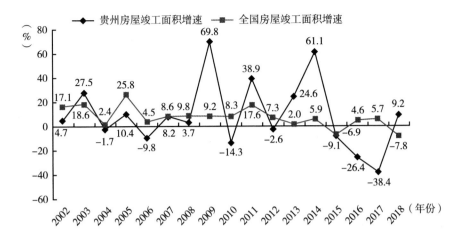

**图42　2002～2018年贵州房地产开发企业房屋竣工面积增速比较**

资料来源：国家统计局网站，笔者计算整理。

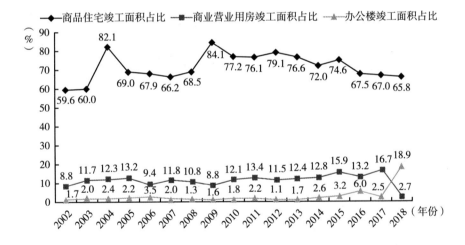

**图43　2002～2018年贵州房地产开发企业房屋竣工面积构成**

资料来源：国家统计局网站，笔者计算整理。

（4）横向比较，2018年贵州房地产开发企业房屋竣工面积增速排第5位
增速大于全国的有14个省份，其中11个省份正增长，增速最大的为山
东（24.7%），其次为广西（18.1%）、西藏（14.6%）；跌幅最大的为云南
（－40.2%），其次是陕西（－36.3%）（见图44）。

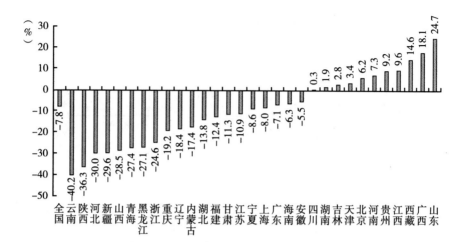

**图44 2018年中国不同省份房地产开发企业房屋竣工面积增速排序**

资料来源：国家统计局网站。

8. 2018年贵州房地产开发企业房屋施工面积增速比2017年稍有回升，但还是低于全国平均增速，排全国第19位；商业营业用房面积占比为历史最高水平

（1）基本情况

2018年末，贵州房地产开发企业房屋施工面积累计为21953.3万平方米，当年增加的施工面积为5190.6万平方米，月均增加432.55万平方米，月度增加最大为6月的835.1万平方米，其次是5月的722.8万平方米，全年同比增长7.7%（见图45）。

2018年，贵州房地产开发企业不同物业施工面积增速见图46。商品住宅施工面积增速全年保持上升的趋势，全年增速为9.3%，商品住宅施工面积增速大于商业营业用房与办公楼施工面积增速，办公楼施工面积增速全年保持负增长，2月增速下跌最多，为-8%，全年为-0.6%，商业营业用房施工面积增速在办公楼施工面积增速与住宅施工面积增速之间，全年增速由年初负增长（-3.4%）到年末转为正增长（0.4%）。

从施工构成来看，商品住宅、办公楼、商业营业用房施工面积占比相对比较稳定，三者占比全年合计85.5%，与年初的85%基本一致（见图47）。

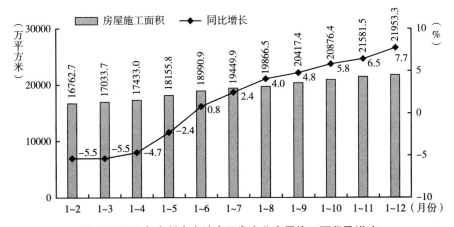

**图45　2018年贵州省房地产开发企业房屋施工面积及增速**

资料来源：贵州省统计局。

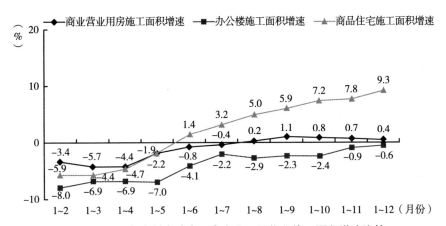

**图46　2018年贵州房地产开发企业不同物业施工面积增速比较**

资料来源：贵州省统计局。

（2）纵向比较，2018年贵州房地产开发企业房屋施工面积增速从2016年负增长后转为正增长

2002～2018年，贵州省房地产开发企业房屋施工面积增速平均值为18.2%，同期全国为15.1%。贵州省房屋施工面积增速从2013年起持续放缓，2016年贵州第一次出现负增长，2017年、2018年增速又转为正增长，近三年来全国增速比较平稳，相差不大（见图48）。

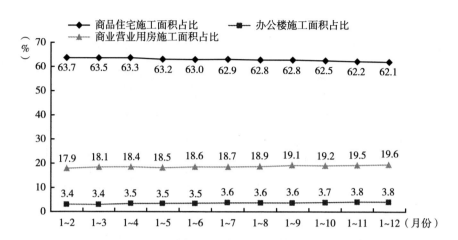

**图47 2018年贵州省房地产开发企业房屋施工面积构成**

资料来源：国家统计局，笔者计算整理。

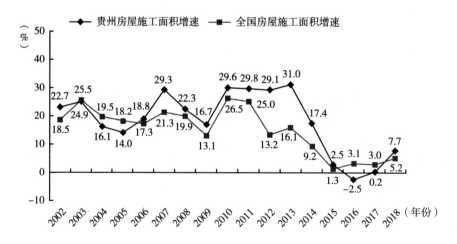

**图48 2002～2018年贵州和全国房地产开发企业房屋施工面积增速比较**

资料来源：国家统计局，笔者计算整理。

（3）纵向比较，贵州房地产开发企业商品住宅施工面积占比持续下跌

2002～2018年，商品住宅、商业营业用房、办公楼施工面积占比平均值分别为71.9%、14.8%、3.5%。商品住宅施工面积占比从2012年的74.7%下滑到2018年的62.1%，是历史最低水平。商业营业用房施工面积

占比从 2012 年开始呈增长趋势，到 2018 年上涨到 19.6%，是历史最高水平。办公楼施工面积占比近年来比较平稳，并无明显波动（见图49）。

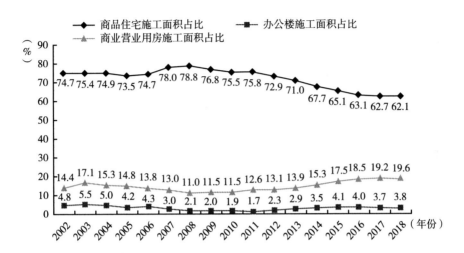

**图 49　2002～2018 年贵州房地产开发企业房屋施工面积构成**

资料来源：国家统计局网站，笔者计算整理。

（4）横向比较，2018 年贵州房地产开发企业房屋施工面积增速排全国第 10 位

全国平均水平为 5.2%，不小于平均水平的有 12 个省份。增速最快的是西藏的 56%，从 2017 年排名倒数第一上升到 2018 年全国第一且远高于其他省份，其次是天津的 17.4%、湖南的 12.9%；最低的为青海的 -13.2%，其次为宁夏的 -11.5%、河北的 -7.1%。贵州周边增速高于贵州的省份有广西（11.9%）、湖南（12.9%），增速低于贵州的有四川（6.7%）、重庆（4.9%）、云南（3.4%）（见图50）。

（5）横向比较，2018 年贵州房地产开发企业商品住宅施工面积增速排第 9 位

全国平均水平为 6.3%，15 个省份大于全国平均水平，最高为西藏的 69.8%，其次是天津的 21%、湖南的 14.1%；最低的是宁夏的 -12.1%，其次是青海的 -8.8%。贵州排第 9 位，高于全国平均水平 3 个百分点。

与周边省份比较，贵州占比居中，较高的是湖南（14.1%）、广西（12.6%）；较低的为云南（5.2%）、重庆（6.6%）（见图51）。

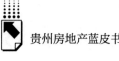

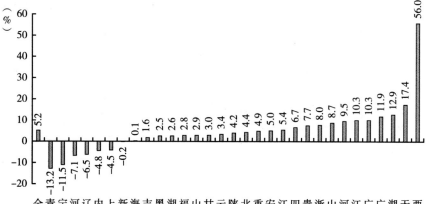

**图50 2018年中国不同省份房地产开发企业房屋施工面积增速排序**

资料来源：国家统计局网站。

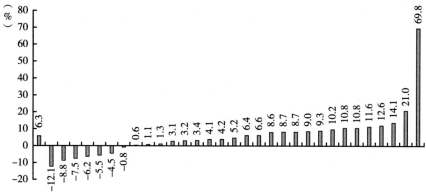

**图51 2018年中国不同省份房地产开发企业商品住宅施工面积增速排序**

资料来源：国家统计局网站。

9.2014年以来贵州商品房库存指数和商品住宅库存指数逐年下降，均低于全国平均水平

（1）2018年贵州商品房库存指数低于2017年，低于全国平均水平

无论是从全国还是从贵州层面看，2014年商品房库存处于高位，之后

逐年下降（见图52）。2008年之后，贵州商品房库存指数一直低于全国平均水平。2018年贵州商品房库存指数为1.91，略低于2017年，低于全国商品房库存指数。

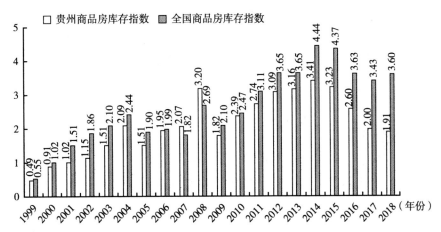

**图52　1999～2018年贵州与全国商品房库存指数比较**

资料来源：国家统计局网站，笔者计算整理。

（2）2018年贵州商品住宅库存指数大幅度下降。

2014年之后，贵州商品住宅库存指数逐年下降（见图53）。2018年贵

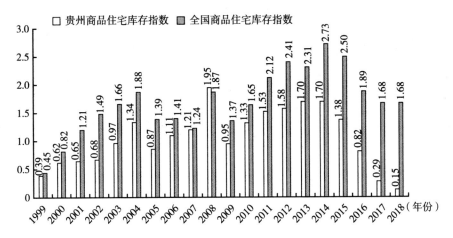

**图53　1999～2018年贵州与全国商品住宅库存指数比较**

资料来源：国家统计局网站，笔者计算整理。

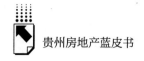

州住宅库存指数大幅下降，创历史新低；全国库存指数与 2017 年持平。2018 年贵州商品住宅库存指数远远低于全国平均水平。

比较图 52 和图 53，无论是贵州还是全国，商品住宅库存指数均低于商品房库存指数，反映了商品住宅的消纳速度快于非住宅商品房。

# 二　2019年贵州房地产市场预测

1. 影响房地产市场的区域经济环境和房地产政策分析

（1）区域经济环境

2019 年贵州省政府工作报告要求：地区生产总值增长 9% 左右，城镇新增就业 75 万人，城镇、农村居民人均可支配收入分别增长 9% 左右和 10% 左右；转移农村劳动力 70 万人；建成城镇保障性安居工程 8.38 万套。

2018 年末，贵州城镇化率为 47.52%，处于城镇化高速发展阶段。此外，脱贫攻坚、2019 年中共中央、国务院颁布的《关于建立健全城乡融合发展体制机制和政策体系的意见》等将推动农村劳动力向城镇转移。

（2）房地产政策

2018 年中央经济工作会议指出：要构建房地产市场健康发展长效机制，坚持房子是用来住的、不是用来炒的定位，因城施策、分类指导，夯实城市政府主体责任，完善住房市场体系和住房保障体系。

2019 年国务院政府工作报告指出：坚持以中心城市引领城市群发展；抓好农业转移人口落户，推动城镇基本公共服务覆盖常住人口；更好解决群众住房问题，落实城市主体责任，改革完善住房市场体系和保障体系，促进房地产市场平稳健康发展；继续推进保障性住房建设和城镇棚户区改造，保障困难群体基本居住需求。

无论是中央经济工作会议，还是国务院政府工作报告均强调"房地产市场健康发展"、城市政府"主体责任"，这是对党的十九大报告要求的"房住不炒"主基调的贯彻落实。由于 2018 年商品住宅销售价格涨幅较大

（见图54），预期2019年调控的主旋律是"控房价"。2018年贵州商品住宅平均销售价格同比增长23.1%，仅低于2009年的24.5%，且高于全国增长率，贵州"控房价"的任务较艰巨。

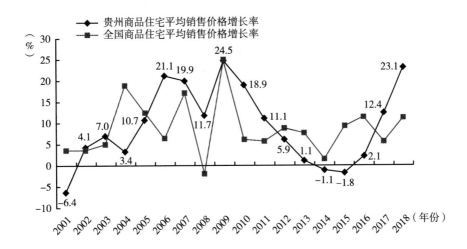

**图54 2001～2018年贵州与全国商品住宅平均销售价格增长率比较**

注：图中的数据为贵州商品住宅平均销售价格增长率。

资料来源：贵州2018年数据来自贵州省统计局网站，其他数据来国家统计局网站，笔者计算整理。

**2. 贵州房地产需求分析**

2019年贵州新增加就业75万人，转移农村劳动力70万人，潜在住房需求约5000万平方米。结合区域经济环境、房地产政策，预期2019年贵州商品房销售面积增速低于2018年。

**3. 贵州房地产供给分析**

2018年贵州商品房库存指数略高于2009年，低于2011～2017年的库存指数；商品住宅库存指数处于历史低位；总体而言，贵州房地产市场去库存问题基本解决。应重点关注房地产供给结构问题，一是空间结构，二是产品结构。

空间结构上，一是重点布局中心和核心城市，二是布局交通便利、气候

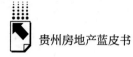

宜人的城市。产品结构上，一是开发省外人群住房需求产品，二是开发流动人口住房需求产品，① 三是继续优化商品住宅和非商品住宅比重。

2019 年，预期贵州省房地产供给持续增加，商品房销售面积、销售价格等增速下降。

---

① 详见本书专题《贵州流动人口住房情况分析报告》。

# 土 地 篇

**Reports on Land**

**B.2**

# 贵州土地市场回顾与展望（2018）

夏 刚 贺 琨*

摘 要： 2018年，贵州土地供应市场扎实推进国土资源节约集约利用
行动，加强建设用地批后监管，积极推进全省批而未供土地、
闲置土地、城镇低效用地摸底调查，落实建设用地"增存挂
钩"机制，加大存量土地处置盘活力度。利用土地市场动态
监测监管系统，对照闲置土地督查问题清单开展自查清理，
分解下达单位GDP建设用地使用面积下降年度目标，开展土
地出让金迟缴清查。通过坚持最严格的集约节约用地制度，
全省平均单位GDP建设用地量一直呈下降趋势，同时贵州省
土地市场延续划拨、出让供应齐头并进的态势，供应总量及
宗地数保持增长，土地市场市场化程度进一步提高，全省各

* 夏刚，博士、硕士研究生导师，贵州省房地产研究院副院长，研究方向为房地产经济管理；
贺琨，中国土地估价师与土地登记代理人协会土地估价行业青年专家，中级经济师，测绘工
程师，注册土地估价师，土地登记代理人，房地产评估师，房地产经纪人，贵州君安房地产
土地资产评估公司总经理。

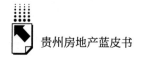
类土地出让平均用地供应价格呈上涨趋势，土地出让收入增幅较大。

**关键词：** 贵州　土地市场　土地出让　房地产开发

# 一　贵州土地市场分析

2018 年，贵州省新增土地供应保障了一大批交通、能源、水利等项目顺利落地，全省大扶贫、大数据、大生态项目顺利推进，推动了实体经济、数字经济、旅游经济、绿色经济、县域经济发展。同时完成了全省批而未供土地、闲置土地、城镇低效用地摸底调查，落实建设用地"增存挂钩"机制，盘活了存量土地供应，延续划拨、出让供应齐头并进的态势，供应总量及宗地数保持增长，土地市场市场化程度进一步提高，受全省经济持续加速发展和城市基础设施配套完善带来的城市升值影响，全省各类土地出让平均用地供应价格呈上涨趋势，土地出让收入增幅较大。

## （一）2018年贵州土地市场运行态势分析回顾

### 1. 土地供应总量、宗地数大幅提升

2018 年，贵州土地市场供应总量及宗地数大幅提升，2018 年全省供应国有土地 5610 宗，总面积 15920.85 公顷，同比增长 7.85%（见图 1）。为适应贵州经济社会高速发展的需要，全省大力盘活存量土地，对批而未供土地、闲置土地、城镇低效用地摸底调查，落实建设用地"增存挂钩"机制，努力提升用地供地效率。

### 2. 房地产开发用地供应出现回升，其中住宅用地大幅提升，商服用地持续下滑

贵州土地市场房地产开发用地供应出现回升，其中住宅用地大幅提升，商服用地持续下滑，2018 年房地产开发用地供应总量止跌回升，在持续四

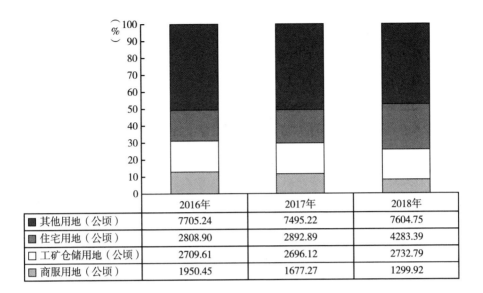

| | 2016年 | 2017年 | 2018年 |
|---|---|---|---|
| ■ 其他用地（公顷） | 7705.24 | 7495.22 | 7604.75 |
| ▨ 住宅用地（公顷） | 2808.90 | 2892.89 | 4283.39 |
| □ 工矿仓储用地（公顷） | 2709.61 | 2696.12 | 2732.79 |
| ▨ 商服用地（公顷） | 1950.45 | 1677.27 | 1299.92 |

**图 1　2018 年土地供应变化**

资料来源：国土资源部土地市场动态监测监管系统、《2018 年贵州省自然资源公报》。

年下滑的背景下，2018 年增长到 5583.31 公顷，其中，商服用地供应面积 1299.92 公顷，占房地产开发用地供地总量的 23%，比上年下降 14 个百分点；住宅用地供应面积增加到 4283.39 公顷，占房地产供地总量的 77%，是继 2013 年供应住宅用地第二次达到 4000 公顷以上（见图 2）。

2018 年住宅用地供应内部结构显示，供应住宅用地 4283.39 公顷，其中普通商品住房用地 3269.46 公顷（中低价位、中小套型普通商品住房用地 1573.94 公顷，其他普通商品住房用地 1695.52 公顷），占住宅供应总量的 76%；经济适用房用地 711.53 公顷，占住宅供应总量的 17%；廉租住房用地 61.56 公顷，占住宅供应总量的 1%；公共租赁住房用地 240.84 公顷，占住宅供应总量的 6%。除廉租住房用地供应下滑外，均同比大幅增长（见图 3）。

3. 除商服用地外，各类用地供应均同比增长

2018 年全省供应住宅用地 2201 宗、4283.39 公顷，占供地总量的 27%，

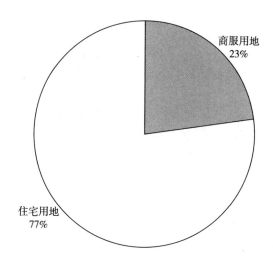

**图2　2018年房地产开发用地供应结构**

资料来源：国土资源部土地市场动态监测监管系统、《2018年贵州省自然资源公报》。

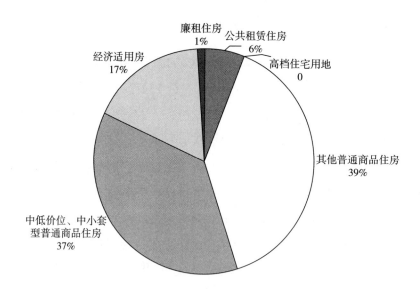

**图3　2018年住宅用地供应内部结构**

资料来源：国土资源部土地市场动态监测监管系统、《2018年贵州省自然资源公报》。

供应同比增长 48.06%；工矿仓储用地 643 宗、2732.79 公顷，占供地总量的 17%，同比增长 1.36%；商服用地 1066 宗、1299.92 公顷，占供地总量的 8%，同比下降 22.49%；其他用地（包括公用设施、公共建筑、基础设施、交通运输、水利设施、特殊用地等）1700 宗、7604.75 公顷，占供地总量的 48%，同比增长 1.46%。

4. 划拨、出让供应持续齐头并进态势

2018 年贵州省土地市场出现划拨、出让供应齐头并进的态势。划拨供应仍然是主要供应方式，供应比例比上年高 1 个百分点，占供地总量的 56%，供应面积达 8916.13 公顷，同比有所增长（见图4）。出让方式供应量为 7004.72 公顷，其中招拍挂出让 6859.86 公顷、协议出让 144.86 公顷，供应比例占供地总量的 44%。总量出现大幅增长。

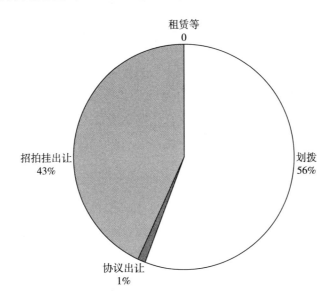

**图4 2018 年土地供应方式变化**

资料来源：国土资源部土地市场动态监测监管系统、《2018 年贵州省自然资源公报》。

5. 土地出让平均住宅用地供应价格上涨趋势明显

贵州省土地出让平均供应单价总体呈逐年上涨趋势，2018 年，全省住宅用地、工矿仓储用地、商服用地平均地价分别为 2018 元/平方米、285 元/平方米、1854 元/平方米，同比增长 1.62%、25.18%、14.85%（见图 5）。

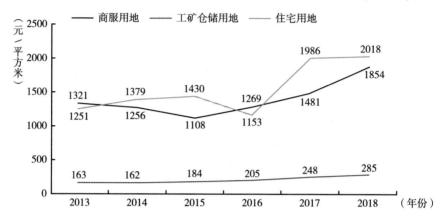

**图5　2013～2018 年土地出让收入平均单价变化**

资料来源：国土资源部土地市场动态监测监管系统、《2018 年贵州省自然资源公报》。

6. 土地出让收入增幅较大，招拍挂收入占总比最大

2018 年，贵州省出让国有建设用地 3681 宗，总面积 7004.72 公顷，同比增长 21.57%；成交价款 961.99 亿元，同比增长 41.57%。其中招拍挂出让收入 948.56 亿元，占供应收入的 98.6%；协议出让收入 13.43 亿元，占供应收入的 1.4%（见图 6）。

**图6　2016～2018 年土地供应收入比较**

资料来源：国土资源部土地市场动态监测监管系统、《2018 年贵州省自然资源公报》。

### （二）2018年贵州各地区土地市场运行态势分析回顾

#### 1. 土地年度供应分析

从 2018 年各市（州）供应量来看，供应土地总量为 15920.85 公顷，其中遵义市供应量依然居首，供应量达 3654.29 公顷，占供应总量的 22.95%；其次贵阳市供应量为 2528.88 公顷，占供应总量的 15.88%。除六盘水市、铜仁市、黔东南州同比减少外，其余市（州）均有增长（见图7）。

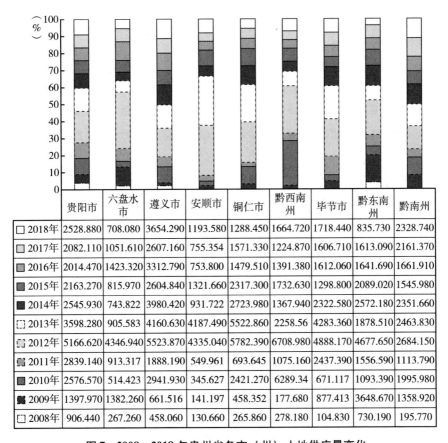

| | 贵阳市 | 六盘水市 | 遵义市 | 安顺市 | 铜仁市 | 黔西南州 | 毕节市 | 黔东南州 | 黔南州 |
|---|---|---|---|---|---|---|---|---|---|
| □ 2018年 | 2528.880 | 708.080 | 3654.290 | 1193.580 | 1288.450 | 1664.720 | 1718.440 | 835.730 | 2328.740 |
| ▣ 2017年 | 2082.110 | 1051.610 | 2607.160 | 755.354 | 1571.330 | 1224.870 | 1606.710 | 1613.090 | 2161.370 |
| ▦ 2016年 | 2014.470 | 1423.320 | 3312.790 | 753.800 | 1479.510 | 1391.380 | 1612.060 | 1641.690 | 1661.910 |
| ▤ 2015年 | 2163.270 | 815.970 | 2604.840 | 1321.660 | 2317.300 | 1732.630 | 1298.800 | 2089.020 | 1545.980 |
| ■ 2014年 | 2545.930 | 743.822 | 3980.420 | 931.722 | 2723.980 | 1367.940 | 2322.580 | 2572.180 | 2351.660 |
| ⬚ 2013年 | 3598.280 | 905.583 | 4160.630 | 4187.490 | 5522.860 | 2258.56 | 4283.360 | 1878.510 | 2463.830 |
| ▨ 2012年 | 5166.620 | 4346.940 | 5523.870 | 4335.040 | 5782.390 | 6708.980 | 4888.170 | 4677.650 | 2684.150 |
| ▩ 2011年 | 2839.140 | 913.317 | 1888.190 | 549.961 | 693.645 | 1075.160 | 2437.390 | 1556.590 | 1113.790 |
| ▥ 2010年 | 2576.570 | 514.423 | 2941.930 | 345.627 | 2421.270 | 6289.34 | 671.117 | 1093.390 | 1995.980 |
| ◼ 2009年 | 1397.970 | 1382.260 | 661.516 | 141.197 | 458.352 | 177.680 | 877.413 | 3648.670 | 1358.920 |
| □ 2008年 | 906.440 | 267.260 | 458.060 | 130.660 | 265.860 | 278.180 | 104.830 | 730.190 | 195.770 |

**图7 2008～2018 年贵州省各市（州）土地供应量变化**

注：图中数据单位为：公顷。

资料来源：国土资源部土地市场动态监测监管系统、《2018 年贵州省自然资源公报》。

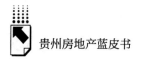

从2018年各市（州）房地产开发用地供应宗地数、供应面积来看，遵义市、毕节市、黔南州，继续蝉联全省前三（见图8）。

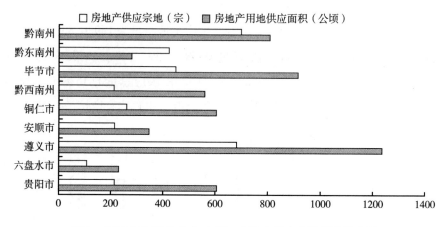

**图8 2018年贵州省各市（州）房地产供应宗地数及供应量**

资料来源：国土资源部土地市场动态监测监管系统、《2018年贵州省自然资源公报》。

2. 土地收入分析

2018年，全省出让国有建设用地3681宗，总面积7004.72公顷，同比增长21.57%；成交价款961.99亿元，同比增长41.57%。成交价款金额列全省前三位的市（州）：贵阳市286亿元、遵义市218.12亿元、黔南州105.87亿元，分别占全省总价款的29.73%、22.67%、11%，其中贵阳、遵义两市成交价款之和达全省总成交价款的52.4%。成交价款同比增长增幅较大的市（州）是黔西南州、安顺市、铜仁市，分别同比增长214.85%、151.39%、71.55%（见图9）。

## （三）2018年贵阳市房地产市场土地供应分析

2018年，贵阳市始终坚持牢牢守好发展和生态两条底线，坚决打好防范化解重大风险、精准脱贫、污染防治三大攻坚战，纵深推进大扶贫、大数据、大生态三大战略行动，深化供给侧结构性改革，不断发展壮大实体经济，做大经济总量，优化经济结构，经济发展质量与效益实现双提升。做好土地供应服务于各行各业的建设需求，保障各项重大民生项目的推进和完

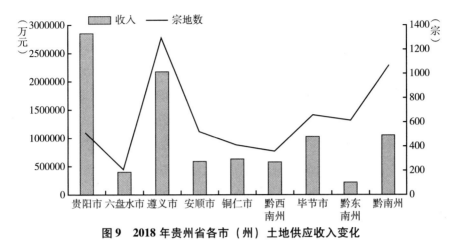

**图9　2018年贵州省各市（州）土地供应收入变化**

资料来源：国土资源部土地市场动态监测监管系统、《2018年贵州省自然资源公报》。

善，经济增速有望连续6年位居全国省会城市第一，经济总量持续扩大。

1.土地供应规模和供应总量出现较大增长

2018年供应国有建设用地502宗，供应总量为2528.88公顷，供应总量相比上一年增长21.46%（见图10）。可见，随着贵阳市工业企业加速转型，"双千工程""万企融合"行动强力推进，实体经济加快发展、城市基础设施建设的不断推进和完善、大数据产业不断壮大等，贵阳市土地供应规模和供应总量出现较大增长。

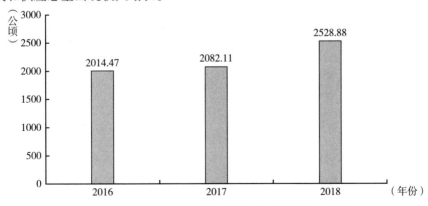

**图10　2016～2018年贵阳市国有建设用地供应总量**

资料来源：贵阳市土地市场动态监测监管系统、《2018年贵州省自然资源公报》。

2018 年贵阳市供应其他用地（公共管理与公共服务用地、特殊用地、交通运输用地、水域及水利设施用地、其他土地等）达 1298.56 公顷，占全年国有建设用地供应总量的 51%；供应住宅用地 446.33 公顷，占全年国有建设用地供应总量的 18%；供应工矿仓储用地 623.68 公顷，占全年国有建设用地供应总量的 25.00%；供应商服用地 160.25 公顷，占全年国有建设用地供应总量的 6%（见图 11）。可见，由于公共管理与公共服务用地和交通运输用地量供应较大，其他用地占据了贵阳市 2018 年全年土地供应的半壁江山，反映了贵阳市交通引领、建设发力，城乡面貌日新月异。

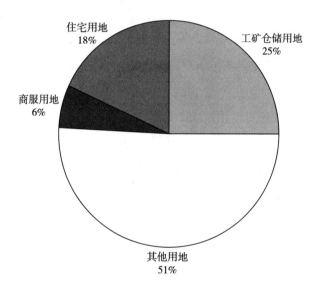

**图 11　2018 年贵阳市国有建设用地供应结构**

资料来源：贵阳市土地市场动态监测监管系统、《2018 年贵州省自然资源公报》。

2. 房地产开发用地供应总量有所回落，住宅用地供应基本保持结构稳定

2018 年贵阳市房地产开发用地（商服用地和住宅用地）供应量为 606.58 公顷，比上年减少 17.08%，占土地供应总量的比例为 23.99%。其中商服用地供应 160.25 公顷，同比增加 0.51%，占到房地产开发用地（商

服用地和住宅用地）供应量的 26.42%；住宅用地供应 446.33 公顷，同比减少 21.98%，占到房地产开发用地（商服用地和住宅用地）供应量的 73.58%。对比三年房地产开发用地内部结构可见，住宅用地供应基本保持结构稳定（见图 12、图 13）。

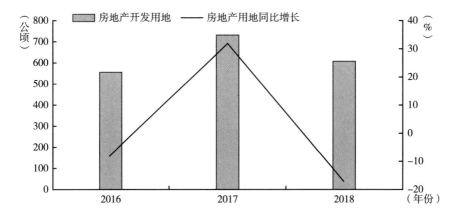

**图 12　2016～2018 年贵阳市房地产用地土地供应来源分析**

资料来源：贵阳市土地市场动态监测监管系统、《2018 年贵州省自然资源公报》。

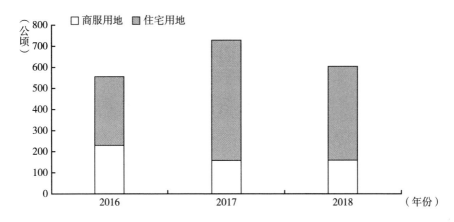

**图 13　2016～2018 年贵阳市房地产用地内部结构分析**

资料来源：贵阳市土地市场动态监测监管系统、《2018 年贵州省自然资源公报》。

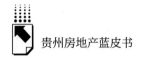

3. 住宅用地中以中低价位、中小套型普通商品住房供应为主，适当增加了其他普通商品住房用地供应

2018年贵阳市住宅用地供应中中低价位、中小套型普通商品住房用地供应比例最大，为66%；其次为其他普通商品住房用地，供应比例为26%；再次为经济适用房用地供应比例为6%；公共租赁住房用地、廉租房用地供应比例为1%（见图14）。

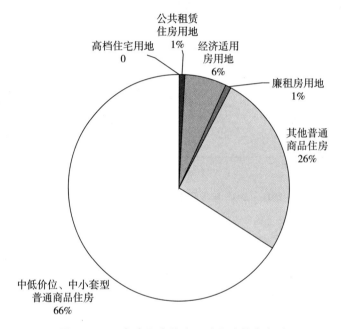

**图14　2018年贵阳市住宅用地土地供应类型**

资料来源：贵阳市土地市场动态监测监管系统、《2018年贵州省自然资源公报》。

从2018年住宅用地区域分布对比来看，贵阳市本级仍为主要供应区域，受市区东扩和贵安新区发展建设的带动，南明区（含双龙经济区）开始供地，花溪区（包含贵安新区）和清镇市后发优势明显（见图15）。

4. 房地产开发用地出让单价出现较强上扬

2018年房地产开发用地平均出让单价为4513元/平方米，同比增长22.54%。其中，商服用地平均出让单价为4400元/平方米，同比增长

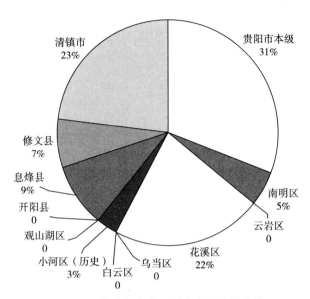

**图15　2018年贵阳市各区域住宅用地供应情况**

资料来源：贵阳市土地市场动态监测监管系统、《2018
年贵州省自然资源公报》。

53.71%；住宅用地平均出让单价为4554元/平方米，同比增长13.83%

（见图16）。

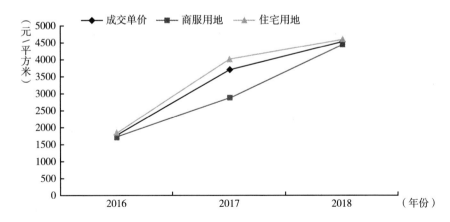

**图16　2016～2018年贵阳市房地产开发用地内部结构单价年度变化**

资料来源：贵阳市土地市场动态监测监管系统、《2018年贵州省自然资源公报》。

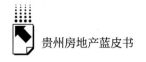

## 二 2018年贵州省建设用地市场体制建设基本情况

2018年贵州土地供应市场为促进土地合理开发利用，确保土地依法依规供应，从严核定每宗建设用地规模，优化建设用地布局，扎实推进国土资源节约集约利用行动，加强建设用地批后监管，省国土资源厅在依托土地市场动态监测监管系统对各地土地供应情况进行实时监测的前提下，采取定期督查督办，对各地供地率情况进行季度或半年全省通报，对前五年供地率不足60%的市（县、区）进行暂停建设用地审批等监管方式加强土地供应。

2018年贵州土地供应市场积极推进全省批而未供土地、闲置土地、城镇低效用地摸底调查，落实建设用地"增存挂钩"机制，加大存量土地处置盘活力度。利用土地市场动态监测监管系统，对照闲置土地督查问题清单开展自查清理，分解下达单位GDP建设用地使用面积下降年度目标，开展土地出让金迟缴清查。通过坚持最严格的集约节约用地制度，全省平均单位GDP建设用地量一直呈下降趋势，从2014年的71公顷/亿元，下降到2018年的50公顷/亿元，五年下降29.58%，远远低于《贵州省土地利用总体规划（2010~2020年）》到期年（2020年）规划数值219公顷/亿元，2018年全省单位GDP建设用地使用面积下降率5.66%。单位GDP供应建设用地量从2014年的2.11公顷/亿元，下降到2018年的1.08公顷/亿元，五年下降48.82%。

## 三 贵州土地市场展望

2018年，贵州省坚决贯彻落实中央和省委决策部署，经济社会发展呈现稳中有进、转型加快、质量提升、民生改善的良好态势。未来五年，贵州省将更加奋发有为推进山地特色新型城镇化，实现统筹城乡区域民族地区协调发展新跨越。全面推进以人为核心的城镇化，提升城镇化质量。构建布局合理的城乡空间格局。全力培育黔中城市群，推进贵阳、贵安同城化，实施交通互联互通、产业相互配套、环保联防联治、公共服务设施共享等项目。完善市（州）中心城市和县城功能，实施一批海绵城市、地下综合管廊、排水防涝、垃圾污水处理、停车场、基本公共服务等项目，深入实施城市交通文明畅通提升工程，大力推进老旧小区、棚户区改造。推动产城互动，坚持因地制宜、突出特色，加快形成分工明确、优势互补的城镇产业发展格局。推广"1＋N"镇村联动模式，促进特色小镇和特色小城镇高质量发展。加快发展县域经济，培育更多全国百强县。现对贵州省土地市场作如下展望。

### （一）基础设施性其他用地供应仍将保持较大供应，工业园区用地供应将进一步提速

贵州省要在发展城市快速交通、立体交通，推进地下综合管廊、海绵城市建设、特色产业、基础设施、生态保护、乡村振兴等方面，谋划实施一批大项目好项目，未来的土地市场仍将持续城市基础设施建设，公共管理与公共服务用地、交通运输用地、水利水域用地等基础设施性其他用地供应。

贵州省发展实体经济，就要继续实施工业强省战略，把工业做强做优。围绕打造十大千亿元级工业产业，制定实施进一步扩大产业投资的政策措施，充足的工业园区用地供应将为打好精准脱贫攻坚战、发展实体经济提供支持。

### （二）盘活存量土地市场提升政府偿债能力

为积极防范化解政府性债务和金融风险，贵州省将严格落实"七严禁"和"1＋8"债务管理系列政策，健全"借用还"与"责权利"相统一的地方政府性债务管理机制。通过盘活高校闲置旧校区用地、高速公路沿线土地、园区闲置土地等存量资产，提升政府偿债能力。将加快政府融资平台公司市场化转型。

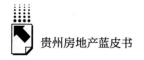

## （三）房地产开发用地市场供应区域性差别将呈现

贵州房地产市场仍将优先保障中低价位、中小套型住宅用地供应，加快推进"住有所居"民生工程，平抑房价，使城乡群众尤其是低收入群体"住房难"问题得到改善，坚持房子"只住不炒"的调控目标。另外，随着城镇化步伐的进一步加快，由于黔中城市群以及贵阳、贵安同城化的推进和各市（州）中心城市、县城对于人口聚集功能的进一步加强，区域性房地产开发用地供应差别将呈现。

# 贵阳土地招拍挂报告（2018）

武廷方　胡蝶云*

**摘　要：** 2018年，贵阳市房地产开发完成投资985.96亿元，同比下降3.9%；全市商品房销售面积1118.97万平方米，同比增长3.8%。全年商品房库存面积为1049.74万平方米，去化周期为12个月，库存保持在合理可控范围，去化周期控制在合理范围之内。房地产市场总体运行平稳，因受调控政策影响，房地产主要指标虽然保持增长，但增速呈现回落态势。

**关键词：** 政策调控　增速回落　运行平稳

## 一　2018年贵阳房地产总体发展状况

### （一）房地产市场量跌价涨，本年完成投资持续上升

经初步核算，2018年全市实现地区生产总值3798.45亿元，同比增长9.9%。其中，第一产业增加值153.10亿元，增长6.6%；第二产业增加值1413.67亿元，增长7.9%；第三产业增加值2231.68亿元，增长11.3%。人均生产总值78449元，同比增长7.8%。

2018年贵阳市新建住宅价格指数持续上涨，从环比数据来看，12月新

---

* 武廷方，贵州省房地产研究院院长，教授；胡蝶云，贵州省房地产研究院副秘书长，助理研究员。

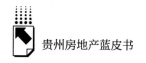

建商品住宅价格指数上涨0.6%；从同比数据来看，12月新建商品住宅价格指数上涨18.8%。12月二手住宅价格指数环比上涨0.5%，同比上涨12.6%。

供给侧结构性改革深入推进。2018年末贵阳市商品房待售面积147.56万平方米，比上年末减少87.03万平方米，同比下降37.1%。其中，商品住宅待售面积74.67万平方米，减少66.52万平方米，同比下降47.1%；办公楼待售面积24.00万平方米，减少8.04万平方米；商品房待售面积90.79万平方米，减少43.18万平方米，同比下降32.2%。

全市建筑业增加值538.71亿元，比上年增长8.6%（见图1）。具有资质等级的总承包和专业承包建筑企业319户，资质以上建筑企业房屋建筑施工面积8352.73万平方米，比上年下降12.8%；房屋建筑竣工面积2453.67万平方米，比上年增长19.0%。

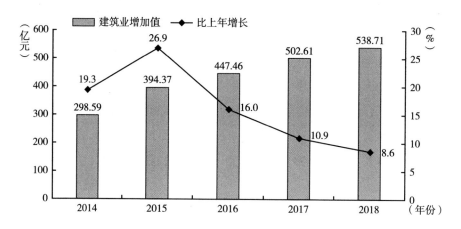

**图1  2014～2018年贵阳市建筑业增加值及增长速度**

注：建筑业增加值数据为当年价格，增长速度按可比价格计算。
资料来源：贵州省房地产研究院统计数据，后同。

### （二）固定资产投资增幅上涨

全年固定资产投资比上年增长15.0%。分产业看，第一产业投资下降5.5%；第二产业投资增长9.4%；第三产业投资增长16.4%（见表1）。

表1　2018年贵阳市分行业固定资产投资增长速度

单位：%

| 指标 | 比上年增长 |
| --- | --- |
| 固定资产投资 | 15.0 |
| 第一产业 | -5.5 |
| 第二产业 | 9.4 |
| 　工业（不含工业园区基础设施） | 10.5 |
| 　化学原料及化学制品制造业 | 8.8 |
| 医药制造业 | 18.5 |
| 非金属矿制品业 | -45.5 |
| 黑色金属冶炼及压延加工业 | -82.2 |
| 有色金属冶炼及压延加工业 | -90.2 |
| 电气机械及器材制造业 | 520 |
| 第三产业 | 16.4 |
| 　交通运输、仓储和邮政业 | 34.7 |
| 　道路运输业 | 58.2 |
| 信息传输、计算机服务和软件业 | 50.5 |
| 水利、环境和公共设施管理业 | 30.2 |
| 　公共设施管理业 | 25.6 |
| 教育 | 70.2 |
| 卫生和社会工作 | 110 |
| 文化、体育和娱乐业 | 69.3 |

资料来源：贵阳市统计局。

全年固定资产投资到位资金比上年增长7.8%。其中，国家预算内资金下降46.4%；国内贷款增长7.3%；自筹资金增长8.1%；其他资金下降29.5%。

全年房地产开发企业投资比上年下降3.9%。其中，住宅投资增长7.4%；办公楼投资下降19.1%；商业营业用房投资下降26.6%；其他投资下降10.6%。

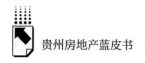
表2 2018年贵阳市房地产主要指标完成情况

| 指 标 | 绝对数 | 比上年增长（%） |
|---|---|---|
| 本年施工面积（万平方米） | 6118.03 | 4.0 |
| 住 宅 | 3796.34 | 4.1 |
| 本年新开工面积（万平方米） | 1366.64 | 51.3 |
| 住 宅 | 951.95 | 69.5 |
| 本年房屋竣工面积（万平方米） | 216.20 | -31.1 |
| 住 宅 | 127.42 | -36.9 |
| 本年销售商品房面积（万平方米） | 1118.97 | 3.8 |
| 现房销售面积 | 54.99 | -33.6 |
| 住 宅 | 35.88 | -15.3 |
| 期房销售面积 | 1063.98 | 6.9 |
| 住 宅 | 911.63 | 9.1 |
| 本年商品房销售额（亿元） | 1044.89 | 34.0 |
| 现房销售额 | 51.44 | -20.9 |
| 住 宅 | 19.28 | -3.4 |
| 期房销售额 | 993.45 | 38.9 |
| 住 宅 | 816.36 | 47.9 |

资料来源：贵阳市统计局。

# 二 2018年贵阳土地招拍挂情况

## （一）贵阳土地市场成交量下滑，量跌价涨态势明显

2018年土地市场活跃度主要表现为量跌价涨，无论是总金额、楼面价还是溢价率均低于2017年，土地变化明显。

截至2018年12月31日，贵阳城区共出让土地108块，成功出让土地数为98块，出让总面积为405.93万平方米，总金额约158.76亿元，具体见表3。

2018年贵阳土地流拍地块共计11块，其中花溪区流拍1块，白云区流拍1块，云岩区流拍1块，清镇市流拍2块，开阳流拍3块，息烽流拍2块，双龙航空港经济区（简称"航空经济区"）流拍1块。

表3　2018年贵阳市土地成交情况汇总

| 区域 | 成交块数(块) | 成交面积(平方米) | 成交总价(万元) | 成交单价(元/平方米) |
|---|---|---|---|---|
| 云岩区 | 5 | 258779 | 306049.9 | 11827 |
| 南明区 | 2 | 39558.3 | 47353 | 11970 |
| 观山湖区 | 12 | 888732.3 | 703955.5 | 7921 |
| 乌当区 | 5 | 133956.5 | 16430.1 | 1227 |
| 花溪区 | 19 | 556651 | 256703 | 4612 |
| 白云区 | 16 | 708454 | 287365.3 | 4056 |
| 高新区 | 11 | 723297.4 | 206680.4 | 2857 |
| 经开区 | 10 | 168141 | 78304.5 | 4657 |
| 航空经济区 | 17 | 2267346 | 1040340 | 4588 |
| 城区总计 | 98 | 5744915.5 | 2943181.7 | — |
| 清镇市 | 68 | 1491821 | 213514.9 | 1431 |
| 息烽县 | 21 | 432963.8 | 56072.8 | 1295 |
| 修文县 | 43 | 2746296 | 163810.7 | 596 |
| 开阳县 | 7 | 79568 | 3368.4 | 423 |
| 三县一市总计 | 139 | 4750648.8 | 436766.8 | — |
| 总计 | 237 | 10495564.3 | 3379949 | — |

从2018年1～12月各月挂牌土地块数来看，其中挂牌块数较多的为1月、7月及11月，挂牌块数较少的为4月、5月、6月，其中2月土地挂牌数仅为5块。从成交块数来看8月、10月、12月成交块数较多，其中年末的12月成交43块，居全年之首。成交块数最少的月份为5月，仅成交2块（见图2）。

## （二）双龙航空港经济区成为2018年贵阳土拍市场最热区域，花溪区屈居第三

分区域来看，双龙航空港经济区成为2018年贵阳商住类土地市场的"吸金王"，出让面积超过83万平方米，成交土地块数17块，成交金额超过104亿元，观山湖区吸引能力排名第二，成为土地第二热点区域，而2017年成交金额最高的花溪区，在2018年退出前三名。尤其让人关注的是，清镇市挂牌总数85块成交总数68块，在数量上高居榜首，但吸金能力明显落后于花溪区，仍属洼地。修文县的土拍市场依然是量高价低（见图3）。

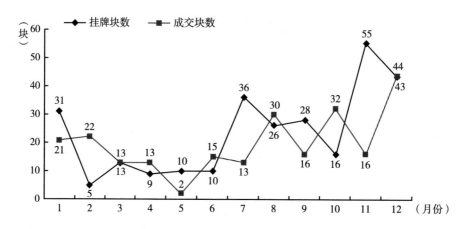

**图2　2018年贵阳市各月挂牌土地成交块数情况**

资料来源：贵阳市国土资源市场网。

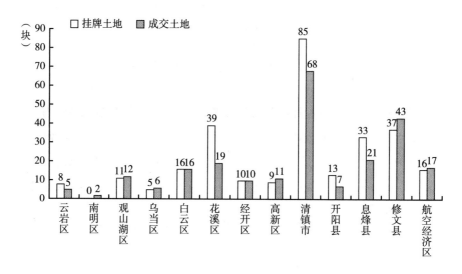

**图3　2018年贵阳市各区土地成交情况**

注：图中成交土地大于挂牌土地数量原因为有2017年12月挂牌未售出地块。

资料来源：贵阳市国土资源市场网。

对比2017年各区县土地实际成交情况，2018年贵阳郊区热现象继续强劲领跑。2017年主城区云岩区挂牌3块，成交2块，成交率为66.6%，南明区挂牌10块，成交7块，成交率为70%。近郊区挂牌出让土地84块，成交 75 块，成交率为 89.3%；一市三县挂牌出让土地 70 块，成交率为 97.1%（见图4）。

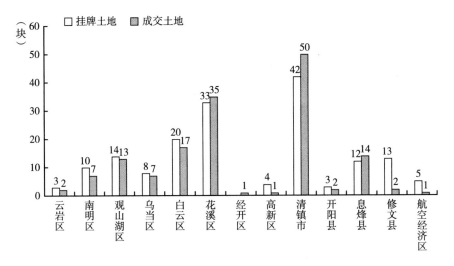

**图4　2017 年贵阳市各区土地成交情况**

注：图中成交土地大于挂牌土地数量原因为 2016 年 12 月挂牌未售出地块。
资料来源：贵阳市国土资源市场网。

### （三）挂牌土地的用地性质变化

从土地用途来看，2018 年贵阳市住宅用地挂牌土地宗数最多，共 116 宗，面积约 592.22 万平方米；相比于 2017 年的 463.93 万平方米增加 128.29 万平方米，涨幅 27.7%。2018 年商业用地挂牌面积最少，约 100.15 万平方米。工业用地挂牌土地面积上涨幅度明显，约 374.63 万平方米、相比 2017 年商业用地挂牌面积 168.97 万平方米，增加 205.66 万平方米，涨幅达 121.7%（见图5）。

2018 年贵阳市商住类用地（商业、住宅、商住用地，下同）成交金额为 2812624.5 万元，出让面积为 4646921.3 平方米。商住类用地地价在 2018 年出现了较快的增长。对比 2017 年，2018 年挂牌土地用途中，住宅类（含商业住宅）与工业类用地的差距依然十分明显，2018 年工业用地占比 29%，

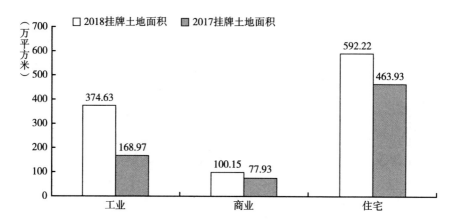

**图5 2017～2018年贵阳市土地挂牌面积情况**

资料来源：贵阳市国土资源市场网。

而2017年占比为18%，增加了11个百分点，2018年住宅（含商业住宅）用地的比例为54%，比2017年的住宅（含商业住宅）用地的比例57%略低3个百分点，2018年的其他类用地比例为17%，2017年的其他类用地比例为25%，降低了8个百分点，土地用途类型仍然保持丰富多样性（见图6、图7）。

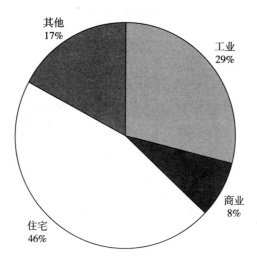

**图6 2018年贵阳市挂牌土地用途占比**

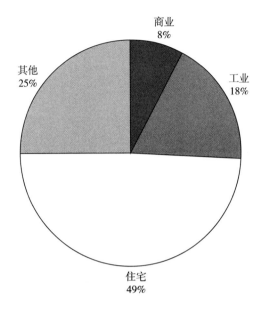

**图7　2017 年贵阳市挂牌土地用途占比**

从 2018 年各区县挂牌土地的用地性质细分情况来看，主城区商业用地 1 块，住宅用地 7 块，贵阳近郊区观山湖区、花溪区、乌当区商业用地 10 块，工业用地 3 块，住宅用地 35 块；与 2017 年比较工业用地明显减少。清镇市工业用地 2018 年为 32 块，居各区县工业用地榜首。而 2017 年工业用地榜首的修文县以 15 块的数量退居第二位。住宅用地方面，清镇市仍以 40 块的用地数量居 2018 年住宅用地第 1 位，花溪区以 30 块的数量紧随其后。2018 年住宅用地供应仍然主要集中在清镇市及花溪区（见图 8）。

从 2018 年全年来看，花溪区、清镇市的土地供应量较多，航空经济区进入了土地高速出让期，成交总价也排在贵州各区县首位，特别是宝能拿下的 SL〔17〕005 商住地块，将开发建设集大数据、高端装备制造、会展、旅游于一体的宝能智慧城。此外，旭辉集团拿下白云区南湖板块土拍 G〔18〕048 号地块，成为 2018 年下半年贵阳首地。星臣集团拿下了花溪 19 块地，花溪作为待开发的新地块，由于政策等优势的存在，仍然备受瞩目。

郊区板块的活跃度主要表现在挂牌比主城区数量多、面积大，而实际成

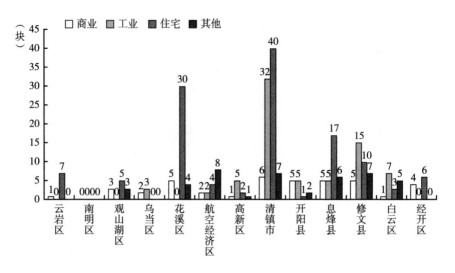

**图8　2018年贵阳市各区县挂牌土地数量**

交的土地面积也大于主城区。2018年主城区住宅用地挂牌面积为37.89万平方米，近郊区住宅用地挂牌面积为327.9万平方米，远郊区住宅用地挂牌面积为226.42万平方米，分别为主城区的近9倍与6倍。在商业用地方面，主城区2018年商业用地宗数为零，近郊区商业用地挂牌面积为42.47万平方米，远郊区商业用地挂牌面积为34.37万平方米，郊区商业用地在2018年均得以大幅度提升；工业用地方面，主城区受城市发展规划制约2018年无工业用地，郊区的用地得以极大释放，近郊区工业用地挂牌面积为136.13万平方米，远郊区的工业用地挂牌面积为238.5万平方米，二者合计374.63万平方米（见图9）。

### （四）土地出让成交金额变化明显

数据显示，2018年贵阳市土地出让成交金额变化较为明显，其中近郊区住宅土地的成交金额以195.23亿元再次蝉联榜首，反观主城区土地的成交金额含商业用地、工业用地与住宅用地总和为35.34亿元，较2017年的土地成交总额明显下滑，减少了17亿元，表明主城区区域内地块出让有限，发展明显放缓。远郊区土地的成交金额为23.09亿元，尽管在土地成交数量上超过主城区，但终因成交单价偏低仍然排名第三（见图10）。

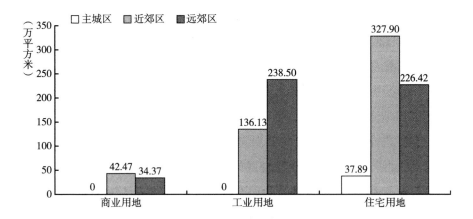

图9　2018年贵阳市各区域挂牌面积情况

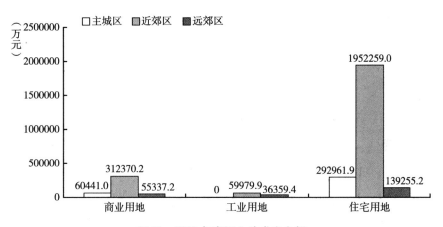

图10　2018年贵阳土地成交金额

# 三　2018年贵阳土地市场分析

## （一）2018年贵阳土地市场新政

1. 贵阳市人民政府办公厅"购房3年内不得转让""一房一价"

2018年5月11日，贵阳市人民政府办公厅印发《贵阳市人民政府办公厅关于切实做好促进房地产市场健康稳定发展有关工作的通知》，除了重申"购房3

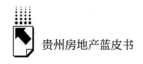

年内不得转让"外还强调了"一房一价"制度"切实稳定住房价格",同时新政还指明了贵阳未来供地热点区域。白云区要显著增加供地,同时加快供地节奏。

2. 贵阳市国土局土地出让采取"地价熔断"方式

2018年6月13日,贵阳市国土资源局发布简报称,为防止土地单价过高从而推高房价,促进房地产市场健康有序发展,贵阳市土地出让将采取"地价熔断"方式。地价熔断即地块楼面地价竞价到历史高价6000元/平方米建筑面积时转入竞配建面积、竞自持面积、竞配套设施等由配建面积最多者作为最终竞得人。

3. 白云区马鞍山土拍熔断第一拍

2018年6月21日,贵阳市公共资源交易中心进行了一场以白云区土地为主的拍卖。在此次争夺战中,金科从中海、华润、万科、碧桂园、美的等多家品牌房企中脱颖而出,金科从起初的竞拍底价4080元/平方米中以6000/平方米的楼面价和25200平方米的配建面积成功夺地。获得白云区马鞍山G〔18〕050号优质地块,实现了贵阳标志性的"土拍熔断"。

4. 贵阳三县一市撤县(市)设区,进一步加快与六城区的同城化步伐

2018年12月29日,中国共产党贵阳市第十届委员会第五次全体会议在贵阳会议中心举行。全会表决通过了关于清镇市、修文县、息烽县、开阳县撤县(市)设市辖区的有关事项。全会决定,同意撤销清镇市设立清镇区,撤销修文县设立修文区,撤销息烽县设立息烽区,撤销开阳县设立开阳区,并按照有关程序,呈报贵州省人民政府、国务院审批。推动实施撤县(市)设市辖区,有利于做大贵阳城市规模,为实施高水平开放提供有力支撑,推动经济实现高质量发展,更好地发挥在全省城镇化和黔中城市群建设中的核心带动作用。

## (二)2018年贵阳土地市场新变化

### 1. 土地出让显现前热后冷局面

从全年来看,2018年开年之初土拍市场热度较为一般,其中2~6月出让地块数在5块左右徘徊。而到了7月,贵阳市的土地供给达到高潮,出让

土地数突然迎来大爆发，从而直接导致 8 月的成交数自然跟着水涨船高。进入 9 月，贵阳市的商住类土地市场便开始降温，流挂、流拍和停止挂牌的现象时有发生。到了 2018 年末，降温了一阵子的土地市场再掀一波小小的高潮（见图 11）。

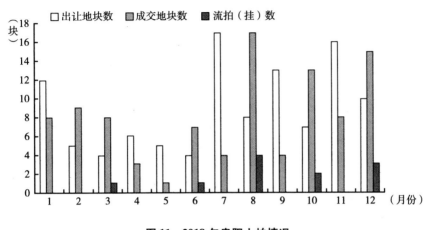

**图 11　2018 年贵阳土拍情况**

### 2. 2018 年贵阳市土拍市场最高楼面价产生

2018 年贵阳土拍市场拍出的最高楼面价为 9779 元/平方米，地块总面积 2629 平方米，地块位于贵阳市主城区云岩区中华北路原市北小学，规划用途为商业用地。拍得者为贵州融通小微企业金融超市管理有限公司，该公司于 2018 年 9 月 29 日以 2.31 亿元竞得，加价幅度 217 元/平方米。

### 3. 贵阳市首次采用地价熔断机制

2018 年贵阳市为落实"房子是用来住的、不是用来炒的"政策方针，力争从源头杜绝房价溢出，迎来了公开土地市场历史上首个"熔断"政策，并在 2018 年 6 月白云区的马鞍山地块的出让活动中成功触发。在贵阳市出台"熔断"政策之前，贵阳市的整个土地市场可谓"出一块火一块"，也因此导致各大房开企业对土拍市场上的所有地块基本上都是"来者不拒"，2018 年 6 月以前的贵阳土拍市场只有 QZ〔18〕002 号 1 宗土地流挂，以及 XW〔18〕007 号 1 宗土地终止挂牌。

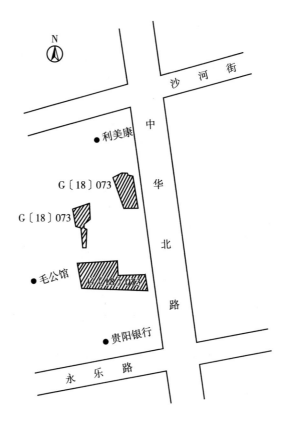

**图12　G〔18〕073号地块位置示意**

但2018年下半年随着全国土地市场的严控，乃至贵阳市的调控政策出台，各房开企业在各自资金压力下纷纷开始采取保守的拿地态度，从而导致2018年下半年贵阳土地市场出现了"流拍"、"流挂"以及"终止挂牌"的情况。经统计，2018年下半年，贵阳市共有25宗土地出现流挂或流拍的情况，并有14宗土地终止挂牌。

4. 棚户改造首次成为2018年贵阳市拿地主角

2017年末，以主城区六广门体育场项目和盐务街项目为代表的云岩区棚户区改造的全面展开标志着贵阳市全市棚户区改造的全面启动。2018年的棚户改造项目在全贵阳市范围内"多点开花"。得益于棚户区改造，贵阳市两城区多年已无"好地"可拿的局面有了新趋势。

贵阳市棚改办统计数据显示，2018 年贵阳通过棚户区改造政策，为各区（县、市、开发区）融资出函 1238 亿元，为实施棚户区改造以来棚改融资总额的 1.84 倍。此外，争取的中央财政补助资金、中央预算内配套基础设施补助资金及各类省级补助奖励资金为 15.22 亿元。2018 年贵阳的棚改资金规模达到约 1253 亿元，相比 2011～2017 年的总和 711 亿元，超出 542 亿元。进入 2019 年后，贵阳棚改的绝大部分项目将采取 PPP 合作模式引入，创新了融资渠道。贵阳市发改委发布的"2019 贵阳棚户区城中村改造计划表"显示，2019 年贵阳将实施棚户区城中村改造 48466 户 661.11 万平方米；2020 年实施棚户区城中村改造 48048 户 631.31 万平方米。棚户区改造，将掀起新一轮的土地出让高潮，因此贵阳市地价成交金额也会继续攀升。

5. 通过地价平稳"稳住"房价走势

2018 年国家"因城施策"的房地产调控原则有效促进了房地产市场平稳健康发展。2018 年贵阳的土地市场呈现"量平价升"的局面，2019 年随着贵阳土地市场去库存的逐渐深入，优质稀缺地块将一地难求，各房开企业将在自身的产品设计、开发、商业模式调整等方面进行改革发展，由"扩张期"逐步转型为"深耕期"。贵阳市的土地市场将迎来更加稳健的发展，拿地成本将进一步降低，但建安成本将依据市场继续稳步升高。预计贵阳市 2019 年土拍市场与房价走势大涨大跌的可能性很小。

# 住房保障篇

**Report On Housing Security**

# B.4
# 2018年贵州省住房公积金运行分析

张世俊*

**摘　要：** 2018年，全省住房公积金继续保持健康稳定的发展，缴存覆盖面进一步扩大，提取和贷款业务规范有序推进，风险控制良好，归集额和增值收益都有一定幅度的增长，发挥了较好的社会经济效益。未来应继续做好缴存扩面工作，加强政策合规检查和风险隐患排查，不断健全完善相关法律法规。

**关键词：** 贵州省　住房　公积金

　　2018年，贵州省坚持以习近平新时代中国特色社会主义思想为指导，

---

* 张世俊，贵州省人民政府参事，高级经济师，曾任贵州省住房资金监督管理办公室副主任，第九届贵州省政协委员。

认真贯彻党的十九大和习近平总书记的重要讲话精神，坚持新发展理念，坚持稳中求进工作总基调，坚持以脱贫攻坚统揽经济社会发展全局，落实高质量发展要求，牢牢守住发展和生态两条底线，全面深化改革开放，在经济社会发展取得显著成绩的同时，住房公积金各项事业稳步推进，业务健康发展，取得了较好的成效。

# 一 缴存使用情况

2018年，全省住房公积金缴存和使用都继续保持健康稳定的发展，各项指标完成情况都较好。主要表现在：制度覆盖面不断扩大，缴存额进一步保持较快的增长；个人贷款发放稳步增长，个贷率稳定在较高的水平；等等。

## （一）缴存情况

### 1. 缴存总额

截至2018年12月，全省住房公积金缴存总额为20551184.09万元，较上年同期增长21.24%。各地缴存总额分别为：贵阳市5609332.81万元，较上年同期增长19.94%；遵义市3260931.26万元，较上年同期增长22.30%；安顺市1145181.50万元，较上年同期增长20.44%；六盘水市1528815.06万元，较上年同期增长16.75%；黔南州1681365.91万元，较上年同期增长22.75%；黔东南州1857934.22万元，较上年同期增长23.10%；黔西南州1237826.87万元，较上年同期增长21.05%；铜仁市1383464.19万元，较上年同期增长24.21%；毕节市1659156.70万元，较上年同期增长22.86%；省直1116455.06万元，较上年同期增长18.96%，贵安新区70720.57万元，较上年同期增长64.41%。

### 2. 当年归集额

2018年归集额为3599715.28万元，与上年归集额相比增加439822.62万元，增幅为13.92%。各地归集情况为：贵阳市归集932584.90万元，与

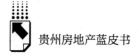

上年归集额相比增加 120719.32 万元，增幅为 14.87%；遵义市归集 594686.99 万元，与上年归集额相比增加 57266.31 万元，增幅为 10.66%；安顺市归集 194274.68 万元，与上年归集额相比增加 26550.12 万元，增幅为 15.83%；六盘水市归集 219351.05 万元，与上年归集额相比增加 2077.44 万元，增幅为 0.92%；黔南州归集 311662.08 万元，与上年归集额相比增加 40362.43 万元，增幅为 14.88%；黔东南州归集 348638.27 万元，与上年归集额相比增加 66603.59 万元，增幅为 23.62%；黔西南州归集 215237.88 万元，与上年归集额相比增加 18304.23 万元，增幅为 9.29%；铜仁市归集 263689.09 万元，与上年归集额相比增加 17445.28 万元，增幅为 7.08%；毕节市归集 308035.71 万元，与上年归集额相比增加 58764.87 万元，增幅为 23.57%；省直归集 177907.24 万元，与上年归集额相比增加 16390.03 万元，增幅为 10.15%；贵安新区归集 26907.39 万元，与上年归集额相比增加 8666.11 万元，增幅为 47.51%。

3. 缴存余额

截至 2018 年 12 月，全省住房公积金缴存余额为 9948284.54 万元。其中：贵阳市 2402779.88 万元；遵义市 1587988.31 万元；安顺市 513482.69 万元；六盘水市 652254.07 万元；黔南州 835155.09 万元；黔东南州 1092276.27 万元；黔西南州 665980.87 万元；铜仁市 792798.68 万元；毕节市 848509.22 万元；省直 498836.71 万元；贵安新区 58222.75 万元。

4. 实际缴存职工人数

2018 年，全省实际缴存职工人数为 251.20 万人。各地实际缴存职工人数为：贵阳市 84.65 万人；遵义市 36.20 万人；安顺市 12.01 万人；六盘水市 15.68 万人；黔南州 18.31 万人；黔东南州 14.79 万人；黔西南州 13.67 万人；铜仁市 16.64 万人；毕节市 22.71 万人；贵安新区 6.58 万人；省直 9.96 万人。

（二）提取情况

截至 2018 年底，全省累计提取住房公积金 10602899.55 万元，当年提取 2310572.45 万元，占当年归集的 64.35%。各地提取情况为：贵阳市累计提取 3206552.93 万元，当年提取 632370.68 万元，占当年归集的 67.81%；遵义市累计提取 1672942.95 万元，当年提取 353262.68 万元，占当年归集的 59.40%；安顺市累计提取 631698.81 万元，当年提取 117065.71 万元，占当年归集的 60.26%；六盘水市累计提取 876560.99 万元，当年提取 135383.07 万元，占当年归集的 61.72%；黔南州累计提取 846210.82 万元，当年提取 214733.50 万元，占当年归集的 68.90%；黔东南州累计提取 765657.95 万元，当年提取 210313.88 万元，占当年归集的 60.32%；黔西南州累计提取 571845.94 万元，当年提取 110300.93 万元，占当年归集的 51.25%；铜仁市累计提取 590665.51 万元，当年提取 196506.26 万元，占当年归集的 74.52%；毕节市累计提取 810647.48 万元，当年提取 217430.61 万元，占当年归集的 70.59%；省直累计提取 617618.35 万，当年提取 117798.36 万元，占当年归集的 66.21%；贵安新区累计提取 12497.82 万元，当年提取 5361.81 万元，占当年归集的 19.93%。

## （三）个人住房贷款情况

### 1. 贷款总额

截至 2018 年 12 月，全省累计向职工发放个人住房公积金贷款 664379 笔，14618688.72 万元，比上年同期增长 18.53%。个贷发放笔数及总额分别为：贵阳市 137446 笔，3591768.76 万元，比上年同期增长 14.67%；遵义市 120389 笔，2414699.31 万元，比上年同期增长 18.75%；安顺市 43125 笔，753513.28 万元，比上年同期增长 11.22%；六盘水市 41595 笔，652254.07 万元，比上年同期增长 10.83%；黔南州 65462 笔，1326596.14 万元，比上年同期增长 14.53%；黔东南州 65050 笔，1517655.52 万元，比上年同期增长 23.43%；黔西南州 42857 笔，1005138.89 万元，比上年同期增长 22.40%；铜仁市 55058 笔，1055050.38 万元，比上年同期增长 19.34%；毕节市 64107 笔，1435742.75 万元，比上年同期增长 25.32%；

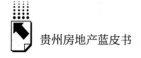
省直 25622 笔，683698.36 万元，比上年同期增长 13.81%；贵安新区 544 笔，23615.20 万元，比上年同期增长 687.80%。

2. 当年发放情况

2018 年，全省发放住房公积金贷款 71291 笔，金额 2285281.50 万元（笔均 32.05 万元），与上年发放额相比增长 14.92%。其中：贵阳市发放 12051 笔，金额 459612.60 万元（笔均 38.14 万元），较上年同期增长 4.95%；遵义市发放 12766 笔，金额 381300.68 万元（笔均 29.87 万元），较上年同期增长 5.26%；安顺市发放 3531 笔，金额 75985.00 万元（笔均 21.52 万元），较上年同期减少 11.82%；六盘水市发放 2469 笔，金额 79238.50 万元（笔均 32.09 万元），较上年同期减少 20.83%；黔南州发放 8639 笔，金额 252661.00 万元（笔均 29.45 万元），较上年同期增长 14.15%；黔东南州发放 8166 笔，金额 288040.68 万元（笔均 35.27 万元），较上年同期增长 41.22%；黔西南州发放 5433 笔，金额 183977.60 万元（笔均 33.86 万元），较上年同期增长 8.20%；铜仁市发放 6228 笔，金额 170973.45 万元（笔均 27.45 万元），较上年同期增长 36.99%；毕节市发放 9563 笔，金额 290118.69 万元（笔均 30.34 万元），较上年同期增长 54.45%；省直发放 1982 笔，金额 82955.70 万元（笔均 41.85 万元），较上年同期减少 8.90%；贵安新区发放 483 笔，金额 20617.60 万元（笔均 42.69 万元），较上年同期增长 663.61%。

3. 贷款余额

截至 2018 年 12 月，全省个人贷款余额为 9613926.44 万元。各地余额分别为：贵阳市 2343938.18 万元、遵义市 1638565.45 万元、安顺市 484981.00 万元、六盘水市 501960.41 万元、黔南州 927594.17 万元、黔东南州 1058596.64 万元、黔西南州 662639.10 万元、铜仁市 679770.02 万元、毕节市 824150.92 万元、省直 468698.60 万元、贵安新区 23031.95 万元。

4. 个贷率

截至 2018 年 12 月，全省个人贷款余额占归集余额的比例为 96.64%。各地比例分别为：贵阳市 97.55%，遵义市 103.18%，安顺市 94.45%，六盘水市 76.96%，黔南州 111.07%，黔东南州 96.92%，黔西南州 99.50%，铜仁市 85.74%，毕节市 97.13%，省直 93.96%，贵安新区 39.56%。

5. 逾期贷款率

截至 2018 年 12 月，全省逾期贷款额为 1918.21 万元，逾期率为 0.200‰。各地逾期额和逾期率分别为：贵阳市逾期额 421.47 万元，逾期率 0.180‰；遵义市逾期额 384.61 万元，逾期率 0.235‰；安顺市逾期额 18.84 万元，逾期率 0.039‰；六盘水市逾期额 271.74 万元，逾期率 0.541‰；黔南州逾期额 88.73 万元，逾期率 0.096‰；黔东南州逾期额 119.93 万元，逾期率 0.113‰；铜仁市逾期额 233.50 万元，逾期率 0.343‰；毕节市逾期额 107.70 万元，逾期率 0.131‰；省直逾期额 271.69 万元，逾期率 0.580‰；黔西南州、贵安新区未发生逾期贷款，六盘水市、铜仁市逾期率仍然较高。

### （四）住房公积金支持保障性住房建设项目贷款情况

2018 年，未发放支持保障性住房建设项目贷款，回收项目贷款 2.17 亿元。2018 年末，累计发放项目贷款 14.32 亿元，项目贷款余额 0.63 亿元。

### （五）资金情况

截至 2018 年 12 月，全省住房公积金结余资金 328062.10 万元。其中：贵阳市 58841.70 万元，遵义市 –50577.14 万元，安顺市 28501.69 万元，六盘水市 143997.66 万元，黔南州 –92439.08 万元，黔东南州 33679.63 万元，黔西南州 3341.77 万元，铜仁市 113028.66 万元，毕节市 24358.30 万元，省直 30138.11 万元，贵安新区 35190.80 万元。

### （六）增值收益

2018 年全省住房公积金增值收益为 122177.41 万元，同比增长 12.61%；增值收益率 1.30%，比上年下降 0.05 个百分点。各地情况为：贵阳市增值收益 28268.07 万元，同比增长 9.54%，增值收益率 1.24%；遵

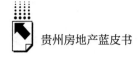
义市增值收益 18946.60 万元，同比增长 10.77%，增值收益率 1.29%；安顺市增值收益 6756.47 万元，同比增长 11.77%，增值收益率 1.40%；六盘水市增值收益 7527.11 万元，同比增长 7.45%，增值收益率 1.21%；黔南州增值收益 9097.43 万元，同比下降 14.10%，增值收益率 1.17%；黔东南州增值收益 14247.08 万元，同比增长 12.46%，增值收益率 1.38%；黔西南州增值收益 8421.16 万元，同比增长 31.63%，增值收益 1.26%；铜仁市增值收益 9433.05 万元，同比下降 11.02%，增值收益率 1.24%；毕节市增值收益 12392.55 万元，同比增长 23.60%，增值收益 1.46%；省直增值收益 6776.96 万元，同比增长 155.51%，增值收益 1.43%；贵安新区增值收益 310.91 万元，同比增长 499.98%，增值收益 0.64%。

## 二 运行分析

2018 年，贵州省加强了对住房公积金管委会决策的指导和监督，开展了住房公积金政策执行检查及风险隐患排查，治理违规提取住房公积金等；通过着力推进住房公积金信息化建设，拓宽了服务渠道，提升了服务水平；解决开展调研、强化政策研究等，进一步规范了住房公积金决策、管理工作，促进了住房公积金业务健康有序发展。

一是缴存扩面工作保持了稳定增长。缴存单位和职工有所增加，缴存额进一步增长。2018 年，新开户单位 6706 家，实缴单位 42529 家，净增单位 3808 家；新开户职工 34.44 万人，实缴职工 251.20 万人，净增职工 13.16 万人；缴存额 359.07 亿元，实缴单位数、实缴职工人数和缴存额增长率分别为 9.83%、5.53% 和 13.63%。

缴存单位中，国家机关和事业单位占 45.84%，国有企业占 13.13%，城镇集体企业占 2.21%，外商投资企业占 0.79%，城镇私营企业及其他城镇企业占 31.87%，民办非企业单位和社会团体占 2.7%，其他占 3.47%。

缴存职工中，国家机关和事业单位占 47.71%，国有企业占 26.18%，城镇集体企业占 1.98%，外商投资企业占 1.21%，城镇私营企业及其他城镇企业占19.70%，民办非企业单位和社会团体占1.30%，其他占1.92%；中、低收入占95.19%，高收入占4.81%。

新开户职工中，国家机关和事业单位占22.33%，国有企业占20.14%，城镇集体企业占2.89%，外商投资企业占2.29%，城镇私营企业及其他城镇企业占42.64%，民办非企业单位和社会团体占3.03%，其他占6.68%；中、低收入占98.57%，高收入占1.43%。

二是提取额进一步的增长。2018年提取额占当年缴存额的比重，比上年增加9.09个百分点，提取总额比上年增长27.86%。

提取金额中，住房消费提取占78.90%（购买、建造、翻建、大修自住住房占23.65%，偿还购房贷款本息占51.47%，租赁住房占9.50%，其他占0.45%）；非住房消费提取占21.10%（离休和退休提取占15.18%，完全丧失劳动能力并与单位终止劳动关系提取占2.72%，户口迁出所在市或出境定居占0.62%，其他占2.57%）。

提取职工中，中、低收入占90.31%，高收入占9.69%。

三是住房公积金个人贷款平稳发展。2018年贵州省住房公积金个人贷款由于住房公积金流动性，资金仍然比较紧张，但当年发放额有一定程度的增加。个贷率仍然保持在较高的水平，为96.64%，较上年下降了0.46个百分点。

（1）个人住房贷款。2018年，支持职工购建房812.58万平方米。年末个人住房贷款市场占有率为23.60%，比上年同期减少1.60个百分点。通过申请住房公积金个人住房贷款，可节约职工购房利息支出364166.77万元。

职工贷款笔数中，购房建筑面积90（含）平方米以下占11.37%，90～144（含）平方米占76.80%，144平方米以上占11.83%。购买新房占91.52%（其中购买保障性住房占1.44%），购买二手房占8.04%，建造、翻建、大修自住住房占0.31%，其他占0.13%。

职工贷款笔数中，单缴存职工申请贷款占55.65%，双缴存职工申请贷款占44.21%，三人及以上缴存职工共同申请贷款占0.13%。

贷款职工中，30岁（含）以下占43.24%，30～40岁（含）占32.53%，40～50岁（含）占18.23%，50岁以上占6.00%；首次申请贷款

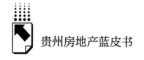
占91.92%，二次及以上申请贷款占7.76%；中、低收入占87.25%，高收入占12.74%。

（2）异地贷款。2018年，发放异地贷款2109笔65280.50万元。2018年末，发放异地贷款总额147248.2万元，异地贷款余额138719.74万元。

（3）公转商贴息贷款。2018年，发放公转商贴息贷款23笔867.90万元，支持职工购建房面积0.21万平方米。当年贴息额4765.89万元。2018年末，累计发放公转商贴息贷款12369笔360854.00万元，累计贴息17421.81万元。

（4）住房公积金支持保障性住房建设项目贷款。2018年末，全省有住房公积金试点城市2个，试点项目14个，贷款额度14.32亿元，建筑面积107.12万平方米，可解决11936户中低收入职工家庭的住房问题。12个试点项目贷款资金已发放并还清贷款本息。

四是资产风险状况。2018年，提取个人贷款风险准备金12066.17万元，未使用个人贷款风险准备金核销呆坏账。2018年末，个人贷款风险准备金余额107353.74万元，占个人贷款余额的1.12%，比上年同期减少0.01个百分点。个人贷款逾期额与个人贷款风险准备金余额的比例为1.79%，比上年同期下降0.34个百分点。同时，仍然存在资金流动性不足，有6个地区个贷率超过了95%，2个地区超过100%，结余资金仍为负数，处于高危运行状态，影响了住房公积金的正常运行。

五是增值收益仍然保持了一定的增长。增值收益额的增幅虽然比上年增长了12.60%，增值收益率却下降了0.50个百分点。还有少数地区，增值收益额较上年有所减少。

2018年，提取贷款风险准备金12066.17万元，提取管理费用22487.34万元，提取城市廉租住房（公共租赁住房）建设补充资金80308.80万元。

2018年，上缴财政管理费用21451.45万元，上缴财政城市廉租住房（公共租赁住房）建设补充资金59797.19万元。

2018年末，贷款风险准备金余额108923.82万元，累计提取城市廉租住房（公共租赁住房）建设补充资金499012.92万元。

# 三　建议

2019年是决胜全面建成小康社会第一个百年奋斗目标的关键之年，也是住房公积金管理体制和运营机制改革的关键之年。推进住房公积金制度改革，要做到制度完善、管理规范、运行安全、服务高效，为保持经济持续健康发展和社会大局稳定，为制度的改革打下决定性基础。

第一，继续做好缴存扩面工作。要以进城务工人员、个体工商户、自由职业者等为目标群体，探索建立和完善灵活、自愿的缴存机制。

第二，不断完善相关政策。住房公积金要进一步支持职工的合理住房消费，要完善住房公积金提取、贷款等政策。调整个人住房贷款结构，重点支持缴存职工购买首套普通自住住房。

第三，继续加强政策合规检查和风险隐患排查工作。要充分利用电子检查工具自查，做好不合规政策的限期整改工作。建立和完善内审稽核机制，堵塞风险漏洞，消除风险隐患。

第四，不断健全相关的法律法规。《中共中央关于全面深化改革若干重大问题的决定》提出的"建立公开规范的住房公积金制度，改进住房公积金提取、使用、监管机制"已过去6年，《住房公积金管理条例》颁布近20年，已经不能较好地适应当前经济社会发展的需要，亟待进一步修改完善。

市场经济是法治经济，住房公积金制度的长期健康发展，需要健全相关的法律法规。要结合经济社会发展中的新情况、新问题，及时修订已出台实施的法律法规，同时，要适时将实践证明行之有效的、能够长期适用的政策上升为法律。

对于住房公积金政策的调整，有两方面需要引起重视。一是职工（包括已缴存职工和未缴存职工）的合法权益如何保障；二是庞大的住房公积金的资金如何更好地发挥作用。因此，需要在维护职工权益和管好用好资金上不断改革和创新，才能更好地推进住房公积金制度持续健康发展。

# 金 融 篇

**Reports On Finance**

# B.5
# 贵州房地产企业融资

武廷方　叶茜　李坚*

**摘　要：** 2018年，贵州省按照"房住不炒"的基本方针，房地产开发投资增速缓中趋稳，全省金融机构房地产贷款快速增长，增速大幅高于全省各项贷款平均增速。年末，房地产贷款占全省各项贷款余额的25.7%，其中，地产开发贷款和房产开发贷款呈现不同程度增长。

**关键词：** 房地产企业　企业融资　市场调控　住房金融服务

---

* 武廷方，贵州省房地产研究院院长、教授、硕士生导师；叶茜，中国人民银行贵阳中心支行货币信贷处副科长，中级经济师，从事房地产信贷政策管理和信贷政策研究；李坚，中国人民银行贵阳中心支行货币信贷管理科主任科员，从事专项信贷政策执行情况监测分析方面研究。

房地产开发企业融资的重要渠道是房地产开发贷款，主要由地产开发贷款和房产开发贷款组成。2018 年，全省房地产开发投资完成 2349.2 亿元，同比增长 6.7%，增速较 2017 年上升 4.3 个百分点。投资的不断增长很大程度上带动并增加了房地产项目建设和土地开发融资需求。2018 年末，全省金融机构房地产贷款余额 6383.5 亿元，同比增加 36.4%，增幅比上年提高 17.1 个百分点。房地产贷款增速高出全省各项贷款平均增速 18.1 个百分点。其中，房地产开发贷款余额 2786.2 亿元，同比增长 53.93%，比上年提高 36.72 个百分点（见图 1）。

**图 1　贵州省房地产开发贷款余额及增速情况**

资料来源：中国人民银行贵阳中心支行。

## 一　地产开发贷款

地产开发贷款是指专门用于地产开发，且在地产开发完成后计划收回的贷款。主要包括向县级以上（含）政府授权的，在该级政府所在城市规划区内从事土地征用、收购、储备及出让土地前期相关工作，具有法人资格的土地储备机构发放的政府土地储备机构贷款。

2018 年，贵州省地产开发贷款小幅回升，但政府土地储备机构贷款余额继续回落，年末，全省地产开发贷款余额218.2亿元，较年初增加18.7亿元，同比上升9.4%。其中，政府土地储备机构贷款余额116.1亿元，同比下降38.1%（见图2）。

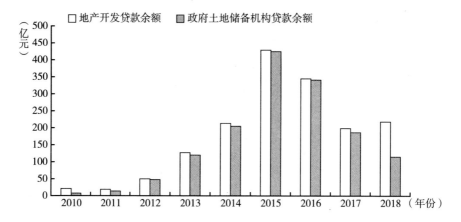

**图2　2010～2018年贵州省地产开发贷款余额**

资料来源：中国人民银行贵阳中心支行。

## 二　房产开发贷款

房产开发贷款指房屋建设贷款，包括土地开发阶段发放的、计划在房屋建设阶段继续使用的贷款。主要由商业用房开发贷款、住房开发贷款以及其他房产开发贷款组成。其中，保障性住房开发贷款也属于住房开发贷款。

2018年末，全省房产开发贷款余额2567.99亿元，同比增长59.45%，比上年提高42.24个百分点，较年初新增957.44亿元（见图3）。总体来看，房产开发贷款结构性变化主要呈现以下特点。一是住房开发贷款保持增长态势。2018年末，全省住房开发贷款余额2345.3亿元，同比增长65.3%。二是保障性住房开发贷款增长较快。2018年末，全省保障性住房开发贷款余额1943.8亿元，同比增长68.7%。

**图3 2010～2018年贵州省房产开发贷款余额**

资料来源：中国人民银行贵阳中心支行。

# B.6
# 贵州房地产消费融资

武廷方　叶茜　李坚*

**摘　要：** 住房信贷政策是地方政府房地产市场调控的手段之一。2018年，中国人民银行贵阳中心支行持续完善"因城施策"差别化住房信贷政策体系，实施好"一城一策"房地产金融政策，重点支持居民住房刚性需求和改善性住房需求。2018年贵州省企业购房贷款和个人购房贷款呈现"一降一增"态势，企业购房贷款余额15.0亿元，较上年减少2.3亿元，占购房贷款余额的比重小。个人购房贷款占购房贷款余额比重为99.6%，是购房贷款的主要组成部分。全省金融机构个人购房贷款余额为3439.3亿元，同比增长22.7%。

**关键词：** 消费融资　房地产信贷　个人住房贷款

房地产贷款的重要组成部分是购房贷款，它主要由企业购房贷款、机关团体购房贷款和个人购房贷款等构成。其中，个人购房贷款包括个人商业用房贷款和个人住房贷款。

---

* 武廷方，贵州省房地产研究院院长、教授、硕士生导师；叶茜，中国人民银行贵阳中心支行货币信贷处副科长，中级经济师，从事房地产信贷政策管理和信贷政策研究；李坚，中国人民银行贵阳中心支行货币信贷管理科主任科员，从事专项信贷政策执行情况监测分析方面研究。

# 一 房地产购房贷款情况

2018 年，贵州省全省购房贷款保持稳定增长。截至 2018 年末，全省购房贷款为 3454.24 亿元，同比增长 22.49%，增速较 2017 年同期增加 3.44 个百分点。购房贷款占房地产贷款余额的比重保持在五成左右，2018 年末余额占比达 54.1%（见图 1）。

**图 1　贵州省购房贷款余额及增速情况**

资料来源：中国人民银行贵阳中心支行。

从结构上看，企业购房贷款和个人购房贷款呈现"一降一增"态势，2018 年末，企业购房贷款余额 15.0 亿元，较上年减少 2.3 亿元，占购房贷款余额的比重小。个人购房贷款占购房贷款余额比重为 99.6%，是购房贷款的主要组成部分。2018 年末，全省金融机构个人购房贷款余额为 3439.3 亿元，同比增长 22.7%。

# 二 个人住房贷款情况

2018 年，全省个人住房贷款继续保持较快增长，年末个人住房贷款余

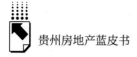

额达 3111.5 亿元，同比增长 24.7%（见图 2），高出全省人民币各项贷款余额增速 6.4 个百分点（见图 2）。

从结构上看，2018 年末，全省个人新建住房贷款余额 2861.5 亿元，同比增长 23.1%，其中，抵押贷款余额 2820.2 亿元，同比增长 23.6%。全省再交易房贷款余额 249.9 亿元，同比增长 45.7%。

**图 2　贵州省个人住房贷款余额及增速情况**

资料来源：中国人民银行贵阳中心支行。

# 地 区 篇

**Reports On County and District Subjects**

## B.7

# 贵阳市2018年房地产市场运行报告

贵阳市住房和城乡建设局课题组*

摘　要：　2018年，在市委市政府坚强领导下，贵阳市全面贯彻落实党中央、国务院和省委省政府决策部署，坚持"房子是用来住的、不是用来炒的"定位，认真落实房地产市场调控主体责任，房地产市场总体保持平稳，房地产业对促进全市经济持续增长发挥了突出作用。统计数据显示，2018年贵阳市房地产开发完成投资985.96亿元，同比下降3.9%；商品房销售面积1118.97万平方米，同比增长3.8%；新建商品住宅销售均价8426元/平方米，同比增长35.2%；截至2018年12月末，全市商品住宅库存1042.77万平方米，住房库存去化周期为12个月，住房库存处于合理可控水平。

---

\* 课题组成员：文静，贵阳市住房和城乡建设局房地产市场监察处处长。

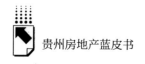
关键词： 贵阳市 房地产市场 调控


# 一 房地产市场基本情况

## （一）房地产开发投资情况

统计数据显示，2018 年，贵阳市房地产开发完成投资 985.96 亿元，同比下降 3.9%。其中：住宅投资 640.27 亿元，同比增长 7.4%；办公楼投资 64.58 亿元，同比下降 19.1%；商业营业用房投资 147.39 亿元，同比下降 26.6%；其他投资 133.71 亿元，同比下降 10.6%（见表 1）。

表 1 贵阳市房地产开发投资完成情况统计

单位：亿元，%

| 指标名称 | 金额 | 同比增长 |
| --- | --- | --- |
| 房地产开发投资完成额 | 985.96 | -3.9 |
| 其中:住宅 | 640.27 | 7.4 |
| 商业营业用房 | 147.39 | -26.6 |
| 办公楼 | 64.58 | -19.1 |
| 其他用房 | 133.71 | -10.6 |

资料来源：贵阳市住房和城乡建设局，后同。


## （二）商品房开发建设及销售情况

开发建设方面，统计数据显示，2018 年全市商品房新开工面积 1366.64 万平方米，同比增长 51.3%，其中：住宅 951.95 万平方米，同比增长 69.5%；办公楼 36.77 万平方米，同比下降 26.9%；商业营业用房 137.57 万平方米，同比下降 1.2%；其他 240.36 万平方米，同比增长 58.2%。全市房屋竣工面积 216.2 万平方米，同比下降 31.1%，其中：住宅 127.42 万平方米，同比下降 36.9%；办公楼 25.52 万平方米，同比增长 45.2%；商业营业用房27.11万平方米，同比下降38.5%；其他36.15万平方米，同比下降27.8%。销售方面，统计数据显示，2018年全市商品房销售面积1118.97万平方米，同比增长3.8%，其中：住宅947.51万平方米，同比增长7.9%；办公楼62.82万平方米，同比下降27.3%；商业营业用房87.81万平方米，同比下降0.1%；其他20.83万平方米，同比下降19.7%（见表2）。

表2　贵阳市商品房开发建设及销售情况统计

| 指标名称 | 数量 | 同比增长（%） |
|---|---|---|
| 商品房新开工面积（万平方米） | 1366.64 | 51.3 |
| 其中：住宅新开工面积 | 951.95 | 69.5 |
| 办公楼新开工面积 | 36.77 | -26.9 |
| 商业营业用房新开工面积 | 137.57 | -1.2 |
| 商品房竣工面积（万平方米） | 216.2 | -31.1 |
| 其中：住宅竣工面积 | 127.42 | -36.9 |
| 办公楼竣工面积 | 25.52 | 45.2 |
| 商业营业用房竣工面积 | 27.11 | -38.5 |
| 商品房销售面积（万平方米） | 1118.97 | 3.8 |
| 其中：住宅销售面积 | 947.51 | 7.9 |
| 办公楼销售面积 | 62.82 | -27.3 |
| 商业营业用房销售面积 | 87.81 | -0.1 |
| 商品房销售均价（元/平方米） | 8956 | 23.7 |
| 其中：住宅均价 | 8426 | 35.2 |
| 办公楼均价 | 8406 | 5.1 |
| 商业营业用房均价 | 16703 | 13.7 |

## （三）商品房销售价格情况

网签数据显示，2018年，贵阳市新建商品房网签销售均价8956元/平方米，同比增长23.7%；其中：住宅8426元/平方米，同比增长35.2%；办公楼8406元/平方米，同比增长5.1%；商业营业用房16703元/平方米，同比增长13.7%。

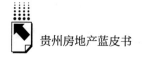

## （四）二手房交易情况

2018 年，贵阳市二手房成交面积 336.7 万平方米，同比下降 2.9%，成交套数 33159 套，同比增长 6.2%，成交金额 178.42 亿元，同比增长 27.8%。其中二手住宅成交面积 318.93 万平方米，同比增长 0.8%，成交套数 31374 套，同比增长 5%，成交金额 168.29 亿元，同比增长 33.4%。

## （五）房地产开发企业资金来源情况

统计数据显示，2018 年，贵阳市房地产开发企业实际到位资金 1057.79 亿元，同比增长 11.1%。其中：国内贷款 68.5 亿元，同比下降 1.2%（其中银行贷款 63.5 亿元，同比增长 20.3%）；自筹资金 232.24 亿元，同比下降 0.4%；其他资金来源 39.37 亿元，同比下降 52.1%；定金及预收款 416.48 亿元，同比增长 23.5%；个人按揭贷款 301.2 亿元，同比增长 30.8%。

## （六）存在的主要问题

（1）市场预期下降。受经济下行压力较大、房地产调控政策没有根本松动以及媒体炒作降价等多重因素影响，自 2017 年第四季度以来房地产市场预期逐步下降，观望情绪逐渐增多，房地产行业投资和消费愿意持续减弱。

（2）购买力不足。2017 年第二季度以来掀起的一波购房热潮，已经透支了相当一部分购买力，房地产市场在短期内处于饱和状态，新的购买力需要有一个积累过程。

（3）配套产业发展滞后。配套产业发展跟不上房地产发展的需求，城市资源环境以及公建配套（尤其是教育、医疗等资源严重不足）满足不了房地产市场快速增长的需求。

## 二　展望

2019 年，内外部经济环境仍然面临诸多不稳定、不确定性因素，房地产市场调控政策不会有明显松动，随着市场预期持续下降，观望情绪逐渐增多，房地产开发投资和购房信心进一步减弱，商品房销售增长后劲乏力。预计下一步贵阳市房地产市场在提质增效、稳价稳量以及进一步发挥房地产带动经济增长的作用等方面面临的挑战更多更大。从需求上看，当前贵阳市还处于城市建设快速发展、人口净流入的阶段；城市快速公交、轨道交通、市域铁路建设有序推进，随着贵阳高铁时代来临，内外交通路网初步形成；总体来看贵阳市房地产市场需求仍有一定支撑。

# B.8
# 六盘水市2018年房地产市场运行报告

六盘水市住房和城乡建设局课题组*

**摘　要：** 2018年，六盘水市住房和城乡建设局认真贯彻落实国家及省市有关房地产市场政策，坚持"房子是用来住的、不是用来炒的"的定位，商品房交易市场秩序得到进一步规范。六盘水"凉都"品牌效应初显，带动旅游地产、休闲养生等地产发展，六盘水市房地产市场整体保持平稳发展态势。

**关键词：** 六盘水市　房地产市场　去库存

## 一　市场分析

### （一）六盘水市房地产开发投资情况

2018年，六盘水市房地产市场呈投资回落趋势，全年房地产开发投资累计完成69.48亿元，与2017年同期相比下降10.88%。其中，办公楼建设完成投资0.53亿元，同比下降65.13%；商业营业用房完成投资19.53亿元，同比下降38.66%；其他用房建设完成投资6.65亿元，同比上升1.53%；住宅建设完成投资42.77亿元，同比上升12.38%（见表1）。

---

*　课题组成员：刘颖，六盘水市住房和城乡建设局房地产市场监督管理科科长；陈建才，六盘水市住房和城乡建设局房地产市场监督管理科科员；张庆钊，六盘水市住房和城乡建设局房地产市场监督管理科科员。

表1　六盘水市房地产开发投资完成情况统计

单位：亿元，%

| 指标名称 | 金额 | 同比增长 |
|---|---|---|
| 房地产开发投资额 | 69.48 | −10.88 |
| 其中：住宅 | 42.77 | 12.38 |
| 商业营业用房 | 19.53 | −38.66 |
| 办公楼 | 0.53 | −65.13 |
| 其他用房 | 6.65 | 1.53 |

资料来源：六盘水市和城乡建设局，后同。

## （二）六盘水市商品房开发建设及销售情况

2018年六盘水市商品房销售面积193.37万平方米，同比下降32.42%，其中：住宅销售面积170.42万平方米，同比增长29.98%，商业营业用房销售面积18.69万平方米，同比下降41.90%。全市商品房销售均价为4510.25元/平方米，同比上升23.00%，其中住宅销售均价为4059.32元/平方米，同比上升20.99%。商品房销售面积及销售价格上升，房地产市场整体呈现上升态势（见表2）。

表2　六盘水市商品房开发建设及销售情况统计

| 指标名称 | 数量 | 同比增长（%） |
|---|---|---|
| 商品房施工面积(万平方米) | 1419.69 | −5.17 |
| 其中：住宅施工面积 | 866.07 | −5.99 |
| 办公楼施工面积 | 19.89 | −15.04 |
| 商业营业用房施工面积 | 315.28 | −2.70 |
| 商品房新开工面积(万平方米) | 149.96 | −7.20 |
| 其中：住宅新开工面积(万平方米) | 105.58 | −10.28 |
| 办公楼新开工面积 | 0.2 | −67.74 |
| 商业营业用房新开工面积 | 21.66 | −20.54 |
| 商品房竣工面积(万平方米) | 4.65 | −90.01 |
| 其中：住宅竣工面积 | 0 | 0 |
| 办公楼竣工面积 | 0 | 0 |
| 商业营业用房竣工面积 | 4.65 | −43.01 |

续表

| 指标名称 | 数量 | 同比增长（%） |
|---|---|---|
| 商品房销售面积（万平方米） | 193.37 | −32.42 |
| 其中：住宅销售面积 | 170.42 | 29.98 |
| 　办公楼销售面积 | 0 | 0 |
| 　商业营业用房销售面积 | 18.69 | −41.90 |
| 商品房待售面积（万平方米） | 87.84 | −17.40 |
| 其中：住宅待售面积 | 26.06 | −19.07 |
| 　办公楼待售面积 | 2.83 | −4.71 |
| 　商业营业用房待售面积 | 44.97 | −16.02 |
| 商品房销售额（万元） | 87.21 | −16.88 |
| 其中：住宅销售额 | 69.18 | −15.28 |
| 　办公楼销售额 | 0 | 0 |
| 　商业营业用房销售额 | 16.62 | −15.12 |

### （三）六盘水市商品房库存情况

全市商品房存量面积为 501.35 万平方米，其中商品住宅存量面积为 167.33 万平方米，商品住宅去化周期为 9.5 个月，商品住宅库存处于合理区间。

### （四）六盘水市商品房租赁情况

六盘水市房屋租赁市场整体发展态势比较薄弱，租赁市场主要以个人投资出租为主体，以个人自行发布出租信息为主要方式，租赁双方自觉进行备案登记率较小。部分房屋租赁中介机构存在管理混乱、办公地点不定等问题，导致租赁市场统计数据难以深入掌握。

### （五）六盘水市二手房交易情况

2018 年六盘水市二手房销售面积共计完成 52.28 万平方米，同比上升 34.88%，其中：住宅 50.08 万平方米，同比上升 46.48%。二手房成交均价为 2617 元/平方米，与上年同期相比下降 12.77%，二手住宅成交均价 2437 元/平方米，同比上升 2.70%。

### （六）六盘水市房地产开发企业资金来源情况

2018 年六盘水市房地产开发企业实际到位资金合计117.04亿元，同比下降0.77%。其中，2017年结余资金25.67亿元，同比上升18.08%。2018年实际到位资金91.37亿元，同比下降5.03%。

### （七）六盘水市房地产市场存在的主要问题

（1）房地产企业融资难。目前六盘水市多数房开企业实力较弱，在金融政策和经济环境等因素的影响下，房地产开发企业资金严重缺乏，市场洗牌情况显著。

（2）房地产经纪市场管理难。六盘水市二手房交易量仅占总成交量的12%，由于房地产中介市场需求小，房地产中介机构多没有法律意识，存在管理不规范、没有房地产市场运作的基本常识，且不服从相关管理规定，如何规范房地产经纪市场是目前管理一大难题。

（3）房地产市场乱象丛生。由于房地产价格走高，房开企业、中介机构违规现象较多，并屡禁不止，需加大执法力度，各部门共同进行执法制止房地产市场乱象。

（4）房地产信访投诉较多。随着居民法律意识进一步提高，逾期交房、公共设施达不到合同约定、不能在约定时间内办理房屋不动产权证等问题导致消费者关于自身权益的信访投诉较多，成为影响社会稳定的潜在风险。

## 二　2019年展望

### （一）2019年房地产市场发展趋势

随着生活水平的提升，2019年，住房刚需和改善性需求并存，预计六盘水市房地产市场一般产品和高品质产品将并存，房地产市场走势总体趋于平稳。

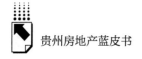
## （二）2019年重点工作

### 1. 强化市场供应

六盘水市存量商品住房去化周期为 9.5 个月，在正常范围，但从县（市、区）来看，去化周期分布不均。一是要与自然资源部门联动，对去化周期短的地区加快土地供给，增加在建项目，提高存量；二是督促在建项目加快建设进度，尽快预售增加供给；三是对去化周期较长的地区，继续加大去库存力度，将商品住房去化周期保持在合理范围内。

### 2. 优化供给结构

一是对改善性住房要求提高项目品质；二是对于市外户籍购房户要求优化商品房户型供给结构；三是充分发挥"凉都"品牌和恒大、碧桂园等大型新房地产开发主体进驻的优势，完善房地产行业专项规划，引导房地产企业积极发展康养地产、旅游地产。

### 3. 营造良好营商环境

一是深化建设工程审批改革，进一步压缩审批时限；二是加强事中事后的服务与监督管理，及时发现和帮助企业解决存在的问题及困难；三是加大问题楼盘处理力度，化解社会矛盾，营造良好氛围。

### 4. 加强市场监管，进一步治理全市房地产市场乱象

开展专项工作，通过多部门联合执法，重点打击房地产"黑中介"和投机炒房行为，从严治理房地产开发企业违法违规行为和虚假房地产广告，进一步整顿和规范房地产市场秩序。

# B.9
# 遵义市2018年房地产市场运行报告

遵义市住房和城乡建设局课题组 *

**摘　要：** 2018 年，遵义市认真贯彻落实党中央、国务院和省委省政府重大决策部署，坚持稳中求进工作总基调，深入推进房地产供给侧结构性改革，强化房地产市场监管，房地产市场保持平稳健康发展，房地产开发投资稳步增长、市场供销两旺、价格涨幅平稳、商品住宅库存处于合理与可控范围。

**关键词：** 遵义市　房地产市场　去库存

## 一　房地产市场运行基本情况

### （一）房地产开发投资稳步增长

2018 年，全市累计完成房地产开发投资 667.34 亿元，为年计划（660亿元）的 101.11%，同比增长 18.5%，增速比上年同期增加 7.3 个百分点。

### （二）房地产市场供销两旺

2018 年，全市累计批准预售商品房面积 1488.52 万平方米，同比增长31.09%，销售面积 1391.56 万平方米，同比增长 23.58%。其中：批准预售

---

* 课题组成员：朱家红，遵义市住房和城乡建设局房地产产业科科长；袁嗣陶，遵义市住房和城乡建设局工程师。

商品住宅面积 1127.05 万平方米，同比增长 38.88%，销售 1125.37 万平方米，同比增长 21.44%；批准预售商业等用房面积 361.48 万平方米，同比增长 11.58%，销售 266.19 万平方米，同比增长 33.57%。

2018 年，中心城区（不含播州区）累计批准预售商品房面积 636.40 万平方米，同比增长 23.05%，销售面积 566.76 万平方米，同比增长 19.00%。其中：批准预售商品住宅面积 469.97 万平方米，同比增长 32.14%，销售 461.19 万平方米，同比增长 17.80%；批准预售商业等用房面积 166.43 万平方米，同比增长 3.04%，销售 105.57 万平方米，同比增长 24.55%。

### （三）商品房住宅价格稳中有升

2018 年，全市新建商品住宅销售均价为 4415 元/平方米，同比增长 14.4%；中心城区新建商品住宅销售均价为 5202 元/平方米，同比增长 14.5%（2018 年 4 月起推行成品住宅建设）（见表 1）。

**表 1　遵义市房地产市场运行基本情况**

| 指标名称 | 数量 | 同比增长（%） |
|---|---|---|
| 房地产开发投资（亿元） | 667.34 | 18.5 |
| 商品房销售面积（万平方米） | 1391.56 | 23.58 |
| 其中：商品住宅销售面积 | 1125.37 | 21.44 |
| 新建商品住宅销售均价（元/平方米） | 4415 | 14.4 |
| 其中：中心城区新建商品住宅均价 | 5202 | 14.5 |

资料来源：遵义市住建局。

### （四）商品房库存情况

截至 2018 年底，全市商品房库存为 1339.6 万平方米，其中：商品住宅库存为 419.64 万平方米，商业等用房库存为 919.96 万平方米。商品房去化周期为 16.4 个月，其中：商品住宅去化周期为 6.3 个月、商业等用房为

59.3个月。中心城区（不含播州区）商品房库存为518万平方米，其中：商品住宅库存为87.32万平方米，商业等用房为430.68万平方米。商品房去化周期为17.1个月，其中：商品住宅去化周期为3.5个月，商业等用房为78.6个月。

### （五）房地产开发用地供应情况

商品住宅用地得到增加，商业用地供应趋缓，有利于缓解供需不平衡的状况。2018年，全市出让商品住宅用地469宗，共计840.79公顷（含商住用地），同比增长43.9%；出让商服用地136宗，共计227.57公顷，同比减少7.71%。中心城区（不含播州区）出让商品住宅用地78宗，共计288.51公顷（含商住用地），同比增长4.63%；出让商服用地33宗，共计72.44公顷，同比减少36.33%。

### （六）房地产贷款情况

截至2018年12月底，全市房地产开发贷款余额为284.56亿元，同比增长100.4%。个人购房贷款余额570.39亿元，同比增长28.79%；其中个人商业用房贷款余额47.74亿元，同比增长32.42%，占个人购房贷款余额的8.37%；个人住房贷款余额522.65亿元，同比增长28.47%，占个人购房贷款余额的91.63%（见表2）。

**表2　遵义市房地产贷款情况**

单位：亿元，%

| 指标名称 | 金额 | 同比增长 |
| --- | --- | --- |
| 房地产开发贷款余额 | 284.56 | 100.4 |
| 其中:住房开发贷款余额 | 275.65 | 134.17 |
| 个人购房贷款余额 | 570.39 | 28.79 |
| 其中:个人住房贷款余额 | 522.65 | 28.47 |
| 个人商业用房贷款余额 | 47.74 | 32.42 |

资料来源：中国人民银行遵义市中心支行。

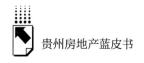
### （七）住房保障情况

2018 年，全市完成城市棚户区改造开工 78821 户，占全省任务总数的 20.45%，任务总量连续第三年居全省首位；完成棚户区改造基本建成任务 55169 套；完成公租房基本建成任务 500 套；完成租赁补贴发放任务 14938 户（按全年季度峰值算）。共计获得保障性住房各类补助资金 398465.95 万元，争取资金总量居全省第一位。

## 二　存在的主要问题

### （一）商品住宅可供销售面积较少

截至 2018 年 12 月底，全市商品住宅库存为 419.64 万平方米，去化周期为 6.3 个月。其中，中心城区商品住宅库存 87.32 万平方米，去化周期为 3.5 个月。

### （二）商业营业用房库存量偏大，存在较大的市场风险

截至 2018 年 12 月底，全市商业等营业性用房库存达 919.96 万平方米，总量超过商品住宅，去化周期为 59.3 个月。其中，中心城区库存为 430.68 万平方米，去化周期为 78.6 个月。

### （三）市场预期信心不足，商品房销售下滑

住建系统交易数据显示，从全市看，自 2018 年 9 月以来商品房销售面积持续下滑，12 月有所回升；9 月销售 123.8 万平方米，环比下降 12.6%；10 月销售 112.6 万平方米，环比下降 9%；11 月销售 112.4 万平方米，环比下降 0.18%；12 月销售 127.2 万平方米，环比增长 13.2%。从中心城区看，自 8 月以来商品房销售面积持续下滑，12 月有所回升；8 月销售 55.25 万平方米，环比下降 8.2%；9 月销售 53.2 万平方米，环比下降 3.7%；10 月销

售46.95万平方米，环比下降6.25%；11月销售40.7万平方米，环比下降13.3%；12月销售46万平方米，环比增长13%。

遵义市下半年商品房销售增速乏力，主要有以下原因。一是预期内房地产市场还将收紧，楼市调控不会放松，经济下行压力依然存在，特别是棚户区改造政策收紧导致市场预期信心不足。二是房开企业融资困难，各大商业银行对部分房地产开发项目停止发放贷款，部分企业为解决资金问题，高息借贷，导致融资成本增加；商业银行对购买商业房地产的信贷支持力度不足，尤其是对购买二层、三层商业房地产的贷款额度更低，甚至不予发放贷款，商业房地产消化速度较慢。三是房贷政策调整，影响住房消费。银行基准利率上浮、首付比例提高，对商品住房需求产生较大的抑制作用，也抑制了刚需群体的购房需求；住房公积金政策收紧，放款门槛较高，房地产项目达到主体封顶条件方可放款，房开企业资金回笼较慢，增加了企业负担，同时也影响了购房群体对住房公积金的使用，对商品住房的销售产生一定的影响。四是推行成品住宅，投资性购房减少。中心城区全面推行成品住宅，房价每平方米平均上涨1000元，成品住宅销售均价在7500～8500元，导致购房消费能力后劲不足。

# 三 展望

## （一）房地产市场运行的宏观环境

### 1.房地产政策环境

（1）中央经济工作会议指出：2019年要构建房地产市场健康发展长效机制，坚持房子是用来住的、不是用来炒的定位，因城施策、分类指导，夯实城市政府主体责任，完善住房市场体系和住房保障体系。

（2）全国住房和城乡建设工作会议指出：2019年要以稳地价、稳房价、稳预期为目标，促进房地产市场平稳健康发展。坚持房子是用来住的、不是用来炒的定位，着力建立和完善房地产市场平稳健康发展的长效机制，坚决防范和化解房地产市场风险。坚持因城施策、分类指导，夯实城市主体责任，加强市场监测和评价考核，切实把稳地价稳房价稳预期的责任落到实处。继续保持调控政策的连续性稳定性，加强房地产市场供需双向调节，改善住房供应结构，支持合理自住需求，坚决遏制投机炒房，强化舆论引导和预期管理，确保市场稳定。加大房地产市场监管力度，继续深入开展打击侵害群众利益违法违规行为、治理房地产乱象专项行动。

（3）遵义市人民政府出台了《遵义市人民政府关于中心城区推行成品住宅建设的实施意见》，从 2018 年 4 月 1 日起，在中心城区稳步推行成品住宅建设。

2. 区域经济环境

根据 2019 年遵义市人民政府工作报告，2019 年遵义市经济社会发展主要预期目标是：地区生产总值增长 11% 左右；固定资产投资增长 18%；城乡居民人均可支配收入分别增长 9%、10%；城镇化率提高到 54% 以上；启动城市轨道交通 1 号线建设。

## （二）房地产市场走势

由于 2018 年遵义市房地产开发企业土地购置面积大幅增加，可以预见 2019 年房地产开发投资将保持增长；同时，随着遵义市综合实力的进一步增强、城镇化进程的不断加快，房地产市场需求将保持平稳增长，住房价格保持稳定，商品住房库存量稳定在合理去化周期内，全市房地产市场将继续保持平稳健康发展。

# B.10
# 安顺市2018年房地产市场运行报告

安顺市住房和城乡建设局课题组 *

**摘　要：** 2018年，安顺市房地产坚持因地制宜，做好分类调控、因城施策，进一步提高认识，充分理解中央经济工作会"房子是用来住的、不是用来炒的"内涵与实质，加强房地产市场监管，确保全市房地产市场平稳健康发展。全年固定资产投资比上年增长14.0%。房地产开发企业投资增长30.9%。全年商品房销售面积239.39万平方米，增长7.6%。年末共有资质等级建筑业企业80家，比上年末增加13家。全年建筑业总产值64.28亿元，比上年增长47.2%。

**关键词：** 安顺市　房地产　分类调控　市场监管

## 一　2018年房地产市场运行情况

### （一）房地产开发投资情况

2018年全市共完成房地产开发投资131.52亿元，同比增长30.9%（见表1）。

---

* 课题组成员：黄鹏川，安顺市住房和城乡建设局房地产市场管理科科长；杨剑，安顺市住房和城乡建设局住房保障科科长；石珂，安顺市住房和城乡建设局房地产市场管理科副科长。

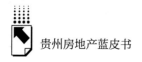
表1　房地产开发投资完成情况统计

单位：亿元，%

| 指标名称 | 金额 | 同比增长 |
|---|---|---|
| 房地产开发投资完成额 | 131.52 | 30.9 |
| 其中：住宅 | 81.65 | 41.4 |
| 商业营业用房 | 26.99 | 7.3 |
| 办公楼 | 3.12 | −25.7 |
| 其他用房 | 19.74 | 47.6 |

资料来源：安顺市住房和城乡建设局，后同。

## （二）商品房开发建设及销售情况

2018年，全市共批准新建商品房预售面积383.97万平方米，同比增长79.77%。其中安顺市区批准新建商品房预售面积为205.31万平方米，同比增长130.08%，具体见表2。

表2　商品房开发建设及销售情况统计

| 指标名称 | 数量 | 同比增长（%） |
|---|---|---|
| 商品房施工面积（万平方米） | 1547.72 | 13 |
| 其中：住宅施工面积 | 867.9 | 19.1 |
| 办公楼施工面积 | 49.88 | 12.9 |
| 商业营业用房施工面积 | 356.14 | −2.2 |
| 商品房新开工面积（万平方米） | 374.6 | 104.6 |
| 其中：住宅新开工面积 | 263.51 | 144.7 |
| 办公楼新开工面积 | 6.6 | 35.6 |
| 商业营业用房新开工面积 | 56.33 | 77 |
| 商品房竣工面积（万平方米） | 167.37 | 153.3 |
| 其中：住宅竣工面积 | 114.69 | 168.5 |
| 办公楼竣工面积 | 0.06 | −59.2 |
| 商业营业用房竣工面积 | 31.32 | 71.6 |
| 商品房销售面积（万平方米） | 239.41 | 7.6 |
| 其中：住宅销售面积 | 202.94 | 23.9 |
| 办公楼销售面积 | 5.25 | 342.5 |
| 商业营业用房销售面积 | 27.63 | −43.9 |

| 指标名称 | 数量 | 同比增长（%） |
|---|---|---|
| 商品房待售面积（万平方米） | 48.17 | -11.5 |
| 其中：住宅待售面积 | 8.81 | -38.9 |
| 办公楼待售面积 | 0.03 | 50 |
| 商业营业用房待售面积 | 24.99 | -27 |
| 商品房销售额（万元） | 118.94 | 5 |
| 其中：住宅销售额 | 88.07 | 45.8 |
| 办公楼销售额 | 2.35 | 204.6 |
| 商业营业用房销售额 | 27.07 | -43.9 |

### （三）新建商品房销售价格

安顺市商品房销售均价4599元/平方米，同比增长10.01%，环比增长3.48%。中心城区商品房销售均价4984元/平方米，同比下降4.19%，环比下降4.96%。其中：住宅销售价格4815元/平方米，同比增长10.8%，环比下降1.29%；商铺销售价格8077元/平方米，同比下降12.15%，环比下降12.17%。

### （四）商品房租赁情况

机构建设。一是在住建局内设科室成立房屋租赁科，负责指导培育和发展住房租赁市场，指导房屋租赁市场的管理和房屋租赁合同登记备案的管理工作；二是挂牌成立安顺市房屋租赁管理处，负责具体房屋租赁市场的管理和房屋租赁合同登记备案的管理工作。

平台建设。开展政银合作。市住建局和建设银行于2017年签订了战略合作协议，2018年启动了"住房租赁服务公有云"电子平台，该平台已在全市各县区全面上线并即将试运营，旨在打造安顺市住房租赁综合服务系统，探索和开发安顺住房租赁市场，解决不同需求居民的居住问题。利用该平台可以实现租赁企业管理、房源核验、合同签订、资金监管、支付结算、金融服务、信用体系、监测分析等监管服务，为百姓选房提供新的

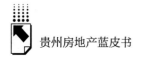

渠道。

搭建网站平台。为加快培育和发展安顺市住房租赁市场，一是在安顺市住房和城乡建设局网站上搭建房屋租售平台（网址：zfcx. anshun. gov. cn），业主可将房屋信息提交到该网站上，待市住建局核查信息后，将核实的房屋信息进行发布，给供需双方提供一个权威的房屋中介信息平台；二是对市区内的房屋中介公司进行摸底调查，梳理一批在安顺市住房和城乡建设局备案的房地产中介服务机构，并完善相关信息形成《安顺市已备案房地产中介服务机构基本情况一览表》发布在安顺市住房和城乡建设局网站上；三是为解决住房困难群众住房问题，引导租赁平台的使用，安顺市住房和城乡建设局已用市级保障房项目中的北部新区公租房50套，作为首批房屋租赁的房源在平台上发布，并将公租房的申请、准入形成文件说明，凡符合条件的住房困难群众可按照相关流程，到安顺市住房和城乡建设局保障性住房管理中心进行申请；四是由于安顺市城区房屋租赁市场上大量的房屋租赁交易是在缺乏监管的情况下完成的，长期以来存在管理措施不完善、部门信息不共享、租赁房屋供应总量和结构不合理等问题。为此，安顺市住房和城乡建设局与建设银行共同搭建安全、阳光、免费、开放的互联网住房租赁服务平台，包括监管服务、企业租赁、共享应用、公租房监测分析等五大系统，整合了供房、承租、撮合、融资、服务五大流程，服务监管机构、房地产企业、专业化住房租赁机构、房地产中介、个人等五类主体；五是安顺市住房租赁市场要达到理想的管理效果还需作大量基础工作。安顺市住房和城乡建设局将在下一步工作中加强宣传，正确引导，为培育住房租赁市场工作营造良好的社会氛围，并积极协调相关部门，支持培育和发展住房租赁市场工作。

### （五）二手房交易情况

截至2018年9月（二手房登记职责已划转至市不动产登记中心）全市二手房交易面积20.21万平方米，销售总额12.58亿元，共2064套。其中：住宅面积15.53万平方米，销售总额5.5亿元，共1488套。

## （六）房地产开发企业资金来源情况

2018 年末资金 171015 万元，同比增长 9.5%；本年资金来源 1372411 万元，同比增长 33.7%。国内贷款 46006 万元，同比增长 16.3%，其中，银行贷款 39006 万元，同比增长 6.2%；非金融机构贷款 7000 万元，同比增长 150%。自筹资金 731218 万元，同比增长 27.6%。其他资金来源 595187 万元，同比增长 43.8%，其中，定金及预收款 405060 万元，同比增长 60.1%；个人按揭贷款 170875 万元，同比增长 25.4%；其他到位资金 19252 万元。

## （七）住房保障情况

2018 年省政府与安顺市签订的目标责任书为：棚户区住房改造开工 32600 套，基本建成 22138 套，发放城镇住房保障家庭租赁补贴 4134 户，列入国家计划的政府投资公租房（不含已依照规定盘活的公租房）完成分配 90% 以上。

（1）棚户区改造开工情况：按各县（区）上报的统计数据，2018 年全市计划开工改造棚户区 32600 套，共 73 个项目，计划总投资约 160 亿元。截至 2018 年底，全市完成棚户区改造开工任务 32690 套（其中货币化安置 13910 户，危旧房综合整治 13727 户，安置房建设有 5053 套达到住建部开工标准），开工率 100.28%。

（2）基本建成情况：按各县（区）上报的统计数据，2018 年全市各类保障性住房基本建成共 26500 套，完成目标任务 22138 套的 119.70%。其中城市棚户区改造基本建成 24680 套（含货币安置套数），公租房建设基本建成 1820 套。

（3）租赁补贴发放情况：2018 年安顺市计划发放住房租赁补贴 4288 户，完成省厅年度目标任务 4134 户的 104%。各县（区）均已按季度发放住房租赁补贴，未出现逾期、漏发等现象。

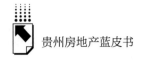

## （八）存在的主要问题

近年来安顺市商业营业用房投放量较大，受网购和电商影响，刚性需求仍不乐观，导致商业地产销售不畅，商业地产去库存周期长、压力大。

# 二　2019年房地产市场展望

2019 年，我们将继续以加快城镇化进程、深化住房制度改革为牵引，全面落实《安顺市推进供给侧结构性改革实施方案》，坚持"房子是用来住的、不是用来炒的"定位，密切加大对安顺市房地产市场变化监测，科学研判，积极应对，不断完善相关举措；以有效需求为重点，调整房地产市场供应结构，合理控制商住比；按照"政府推动、企业主体、市场运作、政策扶持"的原则，鼓励房地产开发企业顺应市场需求，大力发展安顺市以旅游、养生为重点的养老地产和度假地产，对旅游地产、养老地产、教育地产，在项目的土地、规划、施工等方面给予政策支持；积极引导房地产开发企业从单一的开发销售向多元化发展转变，鼓励房地产企业将持有的存量房源投放到租赁市场；继续利用安顺市"新型城镇化综合试点"和气候、旅游资源等优势，积极组织房地产开发企业到省内外开展系列促销、推介活动，促进商品房销售；加强房地产市场调控，促进安顺市房地产市场平稳健康发展。

# B.11

# 毕节市2018年房地产市场运行报告

毕节市住房和城乡建设局课题组 *

**摘　要：** 毕节市房地产从十年前老城区分散的点状发展，经过十多年的建设，商品房品质、人居环境大幅提升，从原来的住有所居到住有宜居的发展形式变化。目前毕节市房地产业与房地产市场整体处于初期向成熟期的高速发展期，房地产市场总体供求基本平衡，房地产市场总体发展健康，整体计划部署较为得当，同时依托成贵高铁的开通，将会进一步促进毕节市房地产市场平稳健康发展。

**关键词：** 毕节市　房地产市场　租赁

## 一　房地产市场运行情况

### （一）房地产开发投资情况

2018年，全市完成房地产开发投资179.77亿元，同比下降14.45%，其中住宅投资127.74亿元，同比下降6.55%，占总投资的71.05%；商业营业用房投资36.71亿元，同比下降35.86%，占总投资的20.42%；办公楼投资1.74亿元，同比下降50.39%，占总投资的0.96%；其他用房投资13.59亿元，同比上升6.87%，占总投资额的7.55%（见表1）。

* 课题组成员：龙秀花，毕节市住房和城乡建设局房地产市场监管科主要负责人；刘启，毕节市房地产交易大厅总工程师。

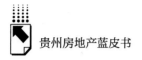

表1 房地产开发投资完成情况统计

单位：亿元，%

| 指标名称 | 金额 | 同比增长 |
|---|---|---|
| 房地产开发投资完成额 | 179.77 | -14.45 |
| 其中：住宅 | 127.74 | -6.55 |
| 　　　商业营业用房 | 36.71 | -35.86 |
| 　　　办公楼 | 1.74 | -50.39 |
| 　　　其他用房 | 13.59 | 6.87 |

资料来源：毕节市住房和城乡建设局，后同。

## （二）商品房开发建设及销售情况

2018年全市商品房施工面积2321.55万平方米，同比上升9.57%；商品房新开工面积649.32万平方米，同比上升63.71%；商品房竣工面积46.66万平方米，同比上升6.49%；商品房销售面积556.62万平方米，同比上升23.47%；商品房待售面积77.41万平方米，同比下降26.42%；商品房销售额2487405万元，同比上升32.28%（见表2）。

表2 商品房开发建设及销售情况统计

| 指标名称 | 数量 | 同比增长（%） |
|---|---|---|
| 商品房施工面积(万平方米) | 2321.55 | 9.57 |
| 其中：住宅施工面积 | 1568.06 | 12.42 |
| 　　　办公楼施工面积 | 30.20 | -18.65 |
| 　　　商业营业用房施工面积 | 441.44 | -3.91 |
| 商品房新开工面积(万平方米) | 649.32 | 63.71 |
| 其中：住宅新开工面积 | 484.0 | 78.62 |
| 　　　办公楼新开工面积 | 7.50 | 5.24 |
| 　　　商业营业用房新开工面积 | 69.01 | -9.25 |
| 商品房竣工面积(万平方米) | 46.66 | 6.49 |
| 其中：住宅竣工面积 | 28.23 | 9.05 |
| 　　　办公楼竣工面积 | 2.0 | -34.39 |
| 　　　商业营业用房竣工面积 | 11.45 | -4.14 |

| 指标名称 | 数量 | 同比增长（%） |
|---|---|---|
| 商品房销售面积(万平方米) | 556.62 | 23.47 |
| 其中:住宅销售面积 | 472.70 | 25.09 |
| 办公楼销售面积 | 3.07 | −36.01 |
| 商业营业用房销售面积 | 71.53 | 11.89 |
| 商品房待售面积(万平方米) | 77.41 | −26.42 |
| 其中:住宅待售面积 | 36.42 | −22.88 |
| 办公楼待售面积 | 3.5 | −53.56 |
| 商业营业用房待售面积 | 26.85 | −24.44 |
| 商品房销售额(万元) | 2487405 | 32.28 |
| 其中:住宅销售额 | 1797483 | 32.65 |
| 办公楼销售额 | 12815 | −38.07 |
| 商业营业用房销售额 | 644366 | 32.72 |

### （三）新建商品房销售价格

2018年全市商品房网签销售均价4586元/平方米，同比增长11%，其中商品住宅网签销售均价3668元/平方米，同比增长5.9%，住宅销售均价呈现平稳健康发展的趋势。

### （四）商品房租赁情况

毕节市全面贯彻落实党的十九大及中央经济工作会议关于建立租购并举的住房制度，落实《国务院关于加快培育和发展住房租赁市场的若干意见》（国办发〔2016〕39号）、《关于在人口净流入的大中城市加快住房租赁市场的通知》和《贵州省人民政府办公厅关于加快培育和发展住房租赁市场的通知》（黔府办函〔2017〕5号）精神，加快培育和发展毕节市住房租赁市场，以满足市民住房需求为出发点，破解住房销售的单一渠道，解决新市民的住房需求。经调研，一年多来，毕节市从租赁平台建设、住房租赁制度改革试点、规范中介服务机构、加强房地产经纪人员培训、支持专业化机构

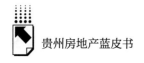

化住房租赁企业发展、加大租赁利益相关方合法权益保护等方面着手，促进毕节市租赁市场规范健康发展。

### （五）二手房交易情况

2018 年全市二手房成交 24.25 万平方米，成交均价 3021 元/平方米。成交面积同比下降 17%，成交均价同比增长 15%。其中七星关区二手房成交 7.29 万平方米，成交均价 3405 元/平方米。成交面积同比下降 12.07%，成交均价同比增长 18%。

### （六）房地产开发企业资金来源情况

根据中国人民银行毕节市中心支行提供的数据，2018 年全市房地产开发贷款余额 208 亿元，同比增长 68.55%，其中个人住房贷款余额 191.02 亿元，同比增长 17.52%，进一步有力地支持了毕节市房地产业发展。房地产行业是资金密集型行业，由于行业特定的经营模式导致资金占用时间较长，受国家房地产信贷政策收紧的影响，外部融资及银行贷款成为房地产企业重要的资金来源。

### （七）住房保障情况

2018 年毕节市计划发放租赁补贴 4554 户，截至 12 月底实际发放 5935 户。2007～2015 年全市共有公租房 114099 套，截至 12 月底已分配 103675 套，分配率 90.86%。2018 年，毕节市公租房目标考核全省排名第二，全市公租房保障部门积极配合省厅工作，坚决服从市政府要求，各县（区）重新出台或者修订了公租房租赁补贴实施办法，租赁补贴和实物保障并举，有效解决了城镇中低收入、新就业无房职工、外来务工人员等部分群众的住房困难问题，为社会的安定、经济的发展贡献了一分力量，取得了一定的成效。

## 二　房地产市场存在的问题

### （一）商品住宅存量县（区）差异较大，全市商业存量大

部分县（区）住宅库存面积去化周期较短，应加大土地供应、规划审批、预售许可力度，增加有效供应量，确保供需平衡、库存合理、价格平稳。全市商业存量逐年增大，2019年将持续增加，商业去化周期较长，在土地出让及规划审批时需注意控制商住比。

### （二）商品房销售价格差异较大，部分项目销售均价较高

毕节市商品房销售价格存在区域差异，部分房地产开发项目建设地区处于城市中心城区、周边配套齐全、个别项目开发品质较高，导致商品房销售均价与周边地区项目存在较大的差异。

### （三）个别房开项目违规认筹、认购、排号，虚假宣传、违规交房、延期交房等乱象仍然存在

根据调查了解，个别房开项目违法违规行为依旧存在，个别楼盘在未取得商品房预售许可情况下，以认购、认筹、预订、排号、售卡等方式向购房人收取或者变相收取定金、预订款、诚意金等费用。部分房开项目违规交房或延期交房的现象时有发生。

## 三　促进毕节市房地产持续健康发展建议和展望

### （一）库存量不足的县（区）应加大土地供应力度，库存较大的县（区）应控制开发节奏

根据商品房需求量及合理库存，适时调整房地产项目土地出让时限、出让规模，控制开发建设时序。库存较小的县、区应督促已出让并交地未建房

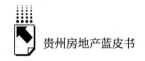

地产项目尽快开工建设、已挂牌出让土地未交地项目尽快交地，加快低效利用土地清理和再开发。库存较大的县、区应适当控制开发节奏，保持库存合理。

### （二）加快棚改安置房建设进度

七星关区棚改任务重，前期棚改货币化安置与当前商品房价格有一定差距，建议加快棚改安置房的建设进度，提供给棚改户选购。

### （三）加快培育和发展住房租赁市场

为全面贯彻落实党的十九大及中央经济工作会议精神，落实国务院、省政府关于建立租购并举的住房制度精神，毕节市委市政府决定将住房租赁制度改革试点纳入2018年深化改革事项，建议突破利用集体建设用地建租赁住房这一屏障，及时研究出台《毕节市开展住房租赁制度改革试点方案》，以促进毕节市住房租赁市场的培育和发展。

### （四）强化房地产市场的宣传引导和对违法违规行为的重点打击

强化房地产法律法规的宣传，引导购房人购买合法合规的房屋，避免因贪图便宜或高额回报等造成的矛盾纠纷，引导涉法涉诉的矛盾纠纷群体通过法律途径维护自身合法权益。对房开企业虚假宣传、违规预售、非法集资等违法违规行为进行重点打击，依法打击房地产缠访、闹访信访人员，维护房地产市场秩序。

### （五）通过房地产以点带面多级发展推动一城三区同城化发展

在基础设施相对完善的区域，通过房地产以点（如德溪湿地公园、高铁站、金海湖公园等）带面多级发展，培育毕节市房地产新的增长级，同时推动一城三区同城化发展。

### （六）发挥区位优势及考虑区位的优势影响

充分利用气候优势发展避暑度假地产，考虑房地产行业与康养休闲的结合。研究乐山、宜宾、泸州、昭通等城市的房地产发展现状，以吸引其居民来毕节购房。

### （七）依托高铁经济布局新的发展目标和战略

围绕"川滇黔区域中心、西南重要门户枢纽、新兴产业发展高地、山水生态花园城市、产城融合示范新区"发展目标和战略，合理部署商业地产、康养地产、旅游地产、物流地产、产业地产等。百里杜鹃可依据其自然资源、交通、政治背景、民族文化等特点进行"特色小镇"建设的探索。

# B.12
# 铜仁市2018年房地产市场运行报告

铜仁市住房和城乡建设局课题组*

**摘　要：** 过去一年，在铜仁市委、市政府的坚强领导下，铜仁市住房和城乡建设局坚持以习近平新时代中国特色社会主义思想为指导，认真贯彻党的十九大和习近平总书记对贵州工作的系列重要指示批示精神，全面落实党中央、国务院以及贵州省委、省政府和市委、市政府各项决策部署，围绕建设"一区五地"目标，较好完成了房地产开发投资、商品房销售面积等目标任务。

**关键词：** 铜仁市　房地产市场　投资　销售

## 一　市场运行情况

改革开放40年，中国特色社会主义进入新时代，社会主要矛盾已经转化为人民日益增长的美好生活需要和不平衡不充分发展之间的矛盾，房地产市场在由数量驱动向品质驱动转变，品质宜居时代已经来临。目前，铜仁市已引进碧桂园、恒大及国瑞等大企业，三个项目开发规模达350余万平方米，为铜仁房地产市场品质提升注入活力。

---

\* 课题组成员：蓝电，铜仁市住房和城乡建设局房地产交易管理处处长；陈勇军，铜仁市住房和城乡建设局房地产市场监管科科长；杨坤，铜仁市住房和城乡建设局交易处交易管理科科长；万磊，铜仁市住房和城乡建设局交易租赁处管理科副科长。

## （一）房地产开发投资情况

据统计局数据，2018年，全市完成房地产开发投资123.3亿元，同比增长4.47%（见表1）。全市第一季度完成投资18.79亿元，同比增长−19.88%；第二季度完成投资44.12亿元，同比增长14.71%；第三季度完成投资33.26亿元，同比增长0.12%；第四季度完成投资27.18亿元，同比增长18.48%。总的来看，全市投资完成情况保持小幅增长，增幅呈波状上升。其中：碧江区完成24.96亿元，同比增长24.69%，占全年目标任务的20.24%；万山区完成20.93亿元，同比增长83.67%，占全年目标任务的16.97%。

**表1　铜仁市2018年房地产市场运行报告**

单位：亿元，%

| 指标名称 | 金额 | 同比增长 |
|---|---|---|
| 房地产开发投资完成额 | 123.3 | 4.47 |
| 其中:商品住宅 | 82.6 | 3.72 |
| 商业营业用房 | 25.4 | −6.35 |
| 办公楼 | 3.5 | 4.48 |
| 其他用房 | 11.9 | 48.65 |

资料来源：铜仁市住房和城乡建设局，后同。

## （二）商品房开发建设及销售情况

项目开发情况。2018年铜仁市在库项目160个，其中：企业（项目）新增入统开发企业（项目）35个。商品房施工面积1232.2万平方米，同比增长5.46%。

商品房销售情况。据统计局数据，2018年，全市商品房销售面积353.5万平方米，同比增长14.27%（见表2）。总体来看，年内商品房销售面积增长稳中有升，且增幅呈波状上升。其中：碧江区销售89.51万平方米，同比增长 20.90%，占全年目标任务的 25.34%；万山区销售 34.30 万平方米，同比增长 77.00%，占全年目标任务的 9.7%。

据铜仁市住房和城乡建设局网签日报数据，2018 年，全市商品房销售面积 453.83 万平方米，同比增长 16.10%，其中商品住宅销售面积 382.13 万平方米，同比增长 14.47%。2018 年，主城区商品房销售面积 185.47 万平方米，同比增长 44.29%，其中，商品住宅销售面积 153.63 万平方米，同比增长 44.49%。

批准商品房预售情况。2018 年，全市批准预售商品房面积 555.26 万平方米，同比增长 88.40%，其中，商品住宅 417.39 万平方米，同比增长 90.65%。主城区批准预售商品房面积 198.25 万平方米，同比增长 41.17%，其中，商品住宅 131.86 万平方米，同比增长 37.21%。

商品房库存情况。截至 12 月底，全市商品房库存总面积 766.05 万平方米，去化周期为 23.36 个月，其中商品住宅 323.63 万平方米，去化周期为 11.55 个月。主城区商品房库存面积 353.22 万平方米，去化周期 33.21 个月，其中商品住宅库存 101.55 万平方米，去化周期 11.67 个月。

表2 2018 年铜仁市商品房开发建设及销售情况统计

| 指标名称 | 数量 | 同比增长(%) |
|---|---|---|
| 商品房施工面积(万平方米) | 1232.2 | 5.46 |
| 其中:商品住宅施工面积 | 827 | 5.25 |
| 办公楼施工面积 | 16.4 | −32.21 |
| 商业营业用房施工面积 | 230.3 | 2.16 |
| 商品房新开工面积(万平方米) | 329.8 | 79.83 |
| 其中:商品住宅新开工面积 | 224.5 | 71.5 |
| 办公楼新开工面积 | 4.6 | 29.34 |
| 商业营业用房新开工面积 | 52.9 | 91.44 |
| 商品房竣工面积(万平方米) | 182.6 | 159.59 |
| 其中:商品住宅竣工面积 | 125.7 | 142 |
| 办公楼竣工面积 | 1.6 | −39.6 |
| 商业营业用房竣工面积 | 32.5 | 318.38 |

续表

| 指标名称 | 数量 | 同比增长（%） |
|---|---|---|
| 商品房销售面积（万平方米） | 353.5 | 14.27 |
| 其中:商品住宅销售面积 | 295.8 | 15.34 |
| 办公楼销售面积 | 2.3 | −0.28 |
| 商业营业用房销售面积 | 46.6 | −0.03 |
| 商品房销售额（万元） | 1374388 | 26.73 |
| 其中:商品住宅销售额 | 1038176 | 30.97 |
| 办公楼销售额 | 10609 | −18.43 |
| 商业营业用房销售额 | 289385 | 4.81 |

## （三）新建商品房销售价格

2018年12月，全市商品房销售均价4383.35元/平方米，同比增长12.16%，环比增长4.19%，其中商品住宅销售均价3920.69元/平方米，同比增长22.49%，环比增长8.84%。主城区商品房销售均价4518.20元/平方米，同比增长12.89%，环比增长7.80%，其中商品住宅销售均价4386.99元/平方米，同比增长29.47%，环比增长11.23%。

## （四）存在的主要问题

一是投资增长乏力。2018年，全市入统项目35个，各地新增项目减少。如松桃县新入统项目仅2个、玉屏县新入统项目仅2个、沿河县新入统项目仅1个，多地项目少、投资贡献率低，导致投资额持续负增长，严重影响全市投资增速。

二是项目建设进度慢。由于征地拆迁难、审批周期过长、建设资金紧张等原因，项目建设进度受影响，延缓了项目入市，影响项目入统，一些区县大项目长时间处于停工状态或不能全面开工建设。如松桃希望城、印江南湖国际等长期处于停工状态。

三是企业融资难。房地产开发项目所需要的资金巨大，融资成为房地产企业经营的主要手段，由于金融政策调整，房地产企业融资渠道狭窄、融资

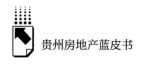

金额缩减，导致商品房销售按揭回款慢，企业回笼资金周期变长，影响项目的建设进度、销售情况。如玉屏县、石阡县金融部门对房开项目二层商业不办理按揭业务、减少房屋按揭额度，影响了项目建设及销售。

四是企业抗风险能力弱。部分房地产开发企业实力较弱、抗风险能力不强，在融资渠道和融资额度受限时，拿不出有效手段应对，往往采取各类违法违规经营方式，如违规宣传、在未取得预售许可证的情况下收取定金等行为。

五是房价上涨过快。2018 年 12 月，全市商品房销售均价从 2017 年的3908.12 元/平方米上升到 4383.35 元/平方米，主城区商品房销售均价从2017 年的 4002.30 元/平方米上升到 4518.20 元/平方米。其中商品住宅销售均价从 2017 年的 3388.42 元/平方米上升到 4386.99 元/平方米。商品房价格的增长，导致市场信心不足，购房者购房热情下降，观望情绪较重，商品房销售面积增速随之下降。随着刚性需求的不断满足，市民购买力也逐渐趋于饱和，商品房销售高速增长将难以保持。

六是去库存压力大。截至 2018 年 12 月底，全市商品房库存总面积766.05 万平方米，去化周期为 23.36 个月。特别是主城区商品房库存面积353.22 万平方米，去化周期 33.21 个月。商品房库存面积大，去化周期长，供给侧过剩，空置率高，去库存压力较大。

## 二　对未来的展望

### （一）2019年工作目标

一是加强协调调度。切实化解矛盾纠纷，帮助解决企业开发过程中困难问题，推进项目建设进度，确保全年目标任务完成。

二是加大督促指导。要进一步摸清项目底数和建设情况，督促指导企业做好统计数据上报，做到应统尽统。

三是增加市场供给。在法律法规范围内适当降低主城区商品房预售许可对形象进度的要求，适当加快审批节奏，加大市场供应，确保价格稳定。

四是强化市场监管。加强房开企业的资质管理，把好"入门关"；及时查处房地产开发、中介、租赁企业的违法违规行为，规范房地产市场秩序，把好市场关。

五是增强发展动能。2018年，铜仁市深化"放管服"改革，持续开展"减证便民"专项行动，市级取消证明材料217项，取消比例39.45%；实施营商环境专项整治行动和"双随机一公开"改革，深化商事制度改革，营商环境更加优化；推进政务服务"一网通办"，实现零跑动事项85项，"最多跑一次"事项518项，占办理事项总数的61.9%。2019年将全力抓改革、扩开放、促创新，不断增强发展动能。

## （二）2019年展望

2019年，铜仁市在省委、省政府，市委、市政府的正确领导下，全力推进"一区五地""一带双核"战略部署，将不断增强房地产市场发展内生动力，实现房地产开发投资节节增高，商品房面积销售不断增长，不断满足人们对品质住房的需求。

# B.13
# 黔西南州2018年房地产市场运行报告

黔西南州住房和城乡建设局课题组*

摘　要： 黔西南州房地产高质量发展的目标是：规划建设一批高质量、高品质楼盘，合理增加住房库存，加大住房有效供给，增大住房选择面，努力以提升群众居住环境的满意度为目标，同时完善配套基础设施建设，使群众生产生活更加方便，让新老城区的功能相衔接、相配套，各功能区更加完善，解决群众住有所居、居有改善的愿望。

关键词： 黔西南州　房地产市场　住房保障

## 一　2018年房地产市场基本情况

### （一）房地产开发投资完成情况

2018年，黔西南州房地产开发投资大幅回升，全年累计完成房地产开发投资123.17亿元，分别占省、州目标任务的144.91%和102.64%，同比增长42.48%。其中：商品住宅投资90.4亿元，同比增长53.92%；商业营业用房投资19.5亿元，同比增长22.18%；办公楼投资0.89亿元，同比下降11.88%；其他用房投资12.38亿元，同比增长15.16%（见表1）。

* 课题组成员：李启斌，黔西南州住房和城乡建设局副局长；曾效国，黔西南州住房和城乡建设局房地产市场监管科科长；陈磊，黔西南州住房和城乡建设局房地产市场监管科工作人员。

**表1　2018年黔西南州房地产开发投资完成情况统计**

单位：亿元，%

| 指标名称 | 金额 | 同比增长 |
|---|---|---|
| 房地产开发投资完成额 | 123.17 | 42.48 |
| 其中:商品住宅 | 90.4 | 53.92 |
| 商业营业用房 | 19.5 | 22.18 |
| 办公楼 | 0.89 | −11.88 |
| 其他用房 | 12.38 | 15.16 |

资料来源：黔西南州住房和城乡建设局，后同。

## （二）商品房开发建设及销售情况

1. 项目开发建设情况

2018年，全州在建房地产项目共计175个，累计施工商品房面积1632.61万平方米，同比增长17.81%；累计新开工商品房面积549.23万平方米，其中，商品住宅新开工面积395.57万平方米，同比增长42.69%；办公楼新开工面积4.64万平方米，同比增长346.15%；商业营业用房新开工面积49.77万平方米，同比下降18.78%；其他用房新开工面积99.25万平方米。累计竣工商品房面积159.31万平方米，同比增长33.48%，其中，商品住宅竣工面积79.72万平方米，同比增长13.87%；办公楼竣工面积5.54万平方米，同比增长212.99%；商业营业用房竣工面积44.82万平方米，同比增长131.51%；其他用房竣工面积29.23万平方米。

2. 商品房销售情况

2018年，全州共销售商品房408.95万平方米，同比增长21.84%。其中，商品住宅销售面积358.46万平方米，同比增长22.98%；办公楼销售面积4.22万平方米，同比增长177.63%；商业营业用房销售面积40.06万平方米，同比增长2.88%，其他销售面积6.21万平方米（见表2）。

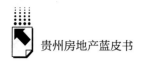

表2　2018年黔西南州商品房开发建设及销售统计

| 指标名称 | 数量 | 同比增长（%） |
|---|---|---|
| 商品房施工面积（万平方米） | 1632.61 | 17.81 |
| 其中:商品住宅施工面积 | 1099.99 | 27.28 |
| 办公楼施工面积 | 15.04 | −11.53 |
| 商业营业用房施工面积 | 241.73 | −7.43 |
| 商品房新开工面积（万平方米） | 549.23 | 33.09 |
| 其中:商品住宅新开工面积 | 395.57 | 42.69 |
| 办公楼新开工面积 | 4.64 | 346.15 |
| 商业营业用房新开工面积 | 49.77 | −18.78 |
| 商品房竣工面积（万平方米） | 159.31 | 33.48 |
| 其中:商品住宅竣工面积 | 79.72 | 13.87 |
| 办公楼竣工面积 | 5.54 | 212.99 |
| 商业营业用房竣工面积 | 44.82 | 131.51 |
| 商品房销售面积（万平方米） | 408.95 | 21.84 |
| 其中:商品住宅销售面积 | 358.46 | 22.98 |
| 办公楼销售面积 | 4.22 | 177.63 |
| 商业营业用房销售面积 | 40.06 | 2.88 |
| 商品房销售额（亿元） | 178.33 | 41.91 |
| 其中:商品住宅销售额 | 143.66 | 50.43 |
| 办公楼销售额 | 2.3 | 219.44 |
| 商业营业用房销售额 | 30.49 | 8.12 |

## （三）新建商品房销售价格情况

2018年，黔西南州完成商品房销售额178.33亿元，同比增长41.91%，其中，办公楼销售额2.3亿元，同比增长219.44%；商业营业用房销售额30.49亿元，同比增长8.12%。商品住宅销售额143.66亿元，同比增长50.43%。全州商品房销售均价4386元/平方米，同比增长15.49%，其中商品住宅销售均价3977元/平方米，同比增长21%。

其中，兴义市住宅销售均价4187元/平方米，同比增长18%；兴仁县住宅销售均价3582元/平方米，同比增长16.4%；安龙县住宅销售均价3042元/平方米，同比增长17.22%；贞丰县住宅销售均价3495元/平方米，同比增长 14.9%；晴隆县住宅销售均价 3595 元/平方米，同比增长 22.12%；普安县住宅销售均价 2926 元/平方米，同比增长 9.7%；册亨县住宅销售均价 2898 元/平方米，同比增长 6.39%；望谟县住宅销售均价 3435 元/平方米，同比增长 6.66%。

### （四）二手房销售情况

2018 年，全州二手房成交 48.21 万平方米，成交均价 2369 元/平方米，其中，二手住宅成交 3016 套 36.7 万平方米，成交均价 2358 元/平方米。二手房市场不活跃，成交价格偏低。

### （五）房地产开发企业资金来源情况

2018 年，黔西南州房地产开发资金来源 147.07 亿元，同比增长 35.69%，其中：国内贷款 5.33 亿元，同比下降 54.52%；自筹资金 37.85 亿元，同比增长 12.82%；其他资金 103.89 亿元（包括定金及预收款 54.39 亿元，个人按揭贷款 45.88 亿元），同比增长 6.59%。

### （六）住房保障情况

2018 年，黔西南州城镇保障性安居工程稳步推进。一是全州城市棚户区改造签订协议 52114 套（货币安置 36720 户，实物安置 15394 户），完成率 100.27%；基本建成 58216 套（棚改房 52685 套，公租房 5531 套），完成率 133.16%；新增公租房分配 8447 套，完成率 111.54%；发放住房租赁补贴 3723 户 9471 人，发放金额 535.36 万元。做好州级单位职工住房存量补贴余额兑现及房改遗留问题处理，充分保障群众权益。二是黔西南州城镇保障性安居工程获省级综合考核二等奖，奖金 3000 万元（含兴义市为示范县 1000 万元）。三是 2018 年棚户区改造工作，经省住建厅、省财政厅、省发改委评价，全省综合排名第一，经省政府同意，推荐黔西南州为"国家层面棚改工作激励支持对象"。

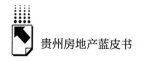

## 二 存在的主要问题

### （一）房地产开发企业资质等级低、实力弱

黔西南州的房开企业多数为四级和暂定级资质。"僵尸"企业较多，在库的房地产开发企业50%以上无开发项目，且资质已过期，不具备房地产开发准入条件。

### （二）存在遗留的问题楼盘

2015年以前，房地产市场疲软，房地产开发企业在项目开发过程中，资金链断裂，项目停工停建或基础设施不完善，导致延期交房和延期办证的情况，出现了一些"问题楼盘"，引发老百姓上访等一些不稳定因素。

### （三）房地产库存结构失衡

正常情况下，商品房中商品住宅和商业营业用房的比例为70%和30%左右，但目前全州商品房库存652.06万平方米，其中，商品住宅库存面积365.46万平方米，商业营业用房库存面积286.6万平方米，库存房屋中商品住宅和商业营业用房的比例为56.05%和43.95%，商品房去化周期为27个月（商品住宅、商业营业用房去化周期分别为18个月和82个月），商业营业用房去库存任务十分艰巨。

### （四）专业化、规模化住房租赁市场难以建立

一是由于对利益最大化的追求，房开企业都不愿意将所开发的房屋进行租赁，原因是租赁房屋回笼建设资金缓慢，回收成本时间漫长；二是对住房中介机构的管理不规范，主要是中介机构到工商管理部门注册后就开始执业，根本不到房地产行政主管部门备案，导致中介机构租赁的房屋没有进行租赁合同备案；三是房屋租赁是房屋产权人通过中介机构发布租房信息或是

乱贴租房小广告，都是出租人和承租人双方的私人行为，房屋主管部门对出租人和承租人"手拉手"租赁住房的情况不掌握，了解具体情况找不到抓手。

## 三 2020年展望

2020年，黔西南州坚决贯彻以"稳地价、稳房价、稳预期"为工作目标，进一步促进房地产市场平稳健康有序发展。具体工作思路体现以下方面。

（1）坚持"房子是用来住的、不是用来炒的"定位，着力建立和完善黔西南州房地产市场平稳健康发展的长效机制，坚决防范并化解房地产市场风险。

（2）坚持因城施策、分类指导，夯实城市主体责任，加强全州房地产市场监测和评价考核，切实将"稳地价、稳房价、稳预期"的责任落到实处。

（3）继续保持调控政策的连续性稳定性，加强黔西南州房地产市场供需双向调节，改善全州住房供应结构，支持合理自住需求，坚决遏制投机炒房，强化舆论引导和预期管理，确保市场稳定。

（4）加大全州房地产市场监管力度，继续深入开展打击侵害群众利益违法违规行为治理房地产乱象专项行动。

# B.14
# 黔东南州2018年房地产市场运行报告

黔东南州住房和城乡建设局课题组 *

**摘　要：** 2018 年，黔东南州房地产开发投资经过 2017 年回落调整后趋
于回升，新建商品房销售面积扭负为正保持增长，新建商品住
房销售价格与全国及西部四线城市类似，受诸多因素的影响呈
上涨态势，全州房地产市场总体呈平稳健康发展态势。2018 年
黔东南州房屋新开工面积、在建项目施工面积回升，办公楼及
商业营业用房占比逐步扩大，全州房地产业正在逐步转型调整，
符合市场预期。全州新建商品住宅销售价格受诸多因素的影响，
与全国四线城市同步总体呈上涨态势，凯里市受项目品质提升、
州域中心城市吸附作用以及供求关系的叠加影响涨幅较大。

**关键词：** 黔东南州　房地产市场　市场走势

## 一　房地产市场运行基本情况

### （一）房地产开发投资回落调整趋于回升

据统计部门统计，2018 年全州房地产开发投资累计完成 87.23 亿元，
同比下降 3.3%，降幅比 2017 年收窄了 32.4 个百分点。其中，住宅完成投

---

* 课题组成员：刘油，黔东南州住房和城乡建设局副局长；秦主兵，黔东南州住房和城乡建设
局房地产市场监管科科长；刘丽娟，黔东南州房屋交易管理所副所长；李晏任，黔东南州房
屋交易管理所工作人员。

资 51.57 亿元，占总投资的 59.1%，占比比上年减少了 19.3%；办公楼及商业营业用房完成投资 18.2 亿元，占总投资的 20.9%；其他投资 17.46 亿元，占总投资的 20%（见图 1）。

**图 1　黔东南州房地产开发完成投资额及增速**

资料来源：黔东南州住房和城乡建设局，后同。

凯里市完成投资 54.46 亿元，同比增长 26.1%，占全州完成投资的 62.4%，占比比 2017 年增加了 14.5 个百分点；全州其余 15 个县共计完成投资 32.77 亿元，同比下降 30.3%，占全州完成投资的 37.6%（见图 2）。

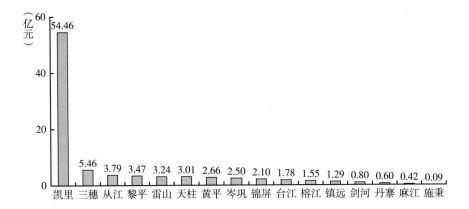

**图 2　2018 年黔东南州各县（市）房地产开发累计完成投资额**

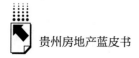

相关统计部门数据显示，2018 年黔东南州房地产开发投资占贵州省全省房地产开发投资总量的 3.63%，投资占比在全省 9 个地州市中排第 8 位，投资增速排第 6 位，增速较 2017 年提升了 3 位（见图 3）。

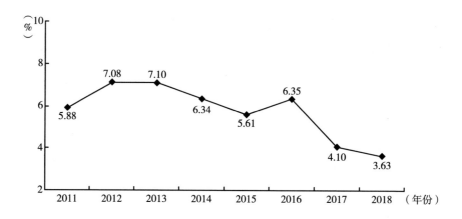

**图 3　黔东南州房地产开发完成投资占全省完成投资比例**

### （二）房地产开发企业购置土地面积持续下降，开发建设用地储备主要集中在凯里市

统计部门数据显示，黔东南州 2018 年房地产开发购置土地面积 7.22 万平方米（上年为 28.13 万平方米），同比下降 74.3%。土地成交金额 1.52 亿元（上年为 4.6 亿元），同比下降 67.0%（见图 4）。

据行业统计，截至 2018 年底全州有已取得土地使用权未开工建设的房地产开发建设用地 49 宗，土地使用面积 392 万平方米。其中，凯里市 23 宗，共 279 万平方米，土地使用面积占全州房地产开发建设存量用地的 71.2%；其他 15 个县总计有 26 宗，共 113 万平方米，土地使用面积占全州房地产开发建设存量用地的 28.8%（见图 5）。

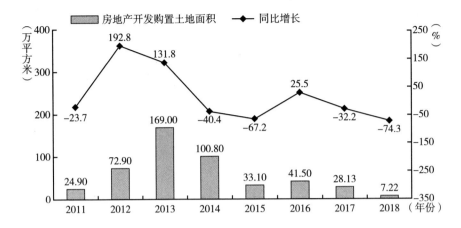

图4 黔东南州房地产开发购置土地面积及增速

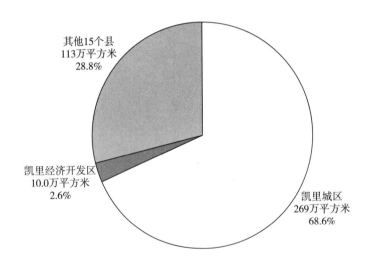

图5 黔东南州待开发房地产建设用地分布情况

（三）2018年黔东南州房地产新开工面积、在建项目施工面积回升，办公楼及商业营业用房占比逐步扩大，全州房地产业正在逐步转型调整，符合市场预期

2018年黔东南州房屋新开工面积207.93万平方米，同比增长31.6%。其中，住宅新开工面积136.59万平方米，同比增长38.7%。凯里市新开工

面积78.53万平方米，同比下降1.2%，其中，住宅新开工面积45.8万平方米，同比下降7.4%（见图6）。

2018年底全州房地产在建施工面积1318万平方米，同比增长8.3%。其中住宅面积732万平方米，同比增长7.1%；办公楼、商业营业用房及其他用房面积586万平方米，同比增长9.7%。住宅和非住宅施工面积分别占施工总面积的55.5%、44.5%。办公楼、商业营业用房及其他用房施工面积占比在近5年持续提高的基础上趋于稳定，办公楼、商业营业用房在一定时期内趋于饱和（见图7）。

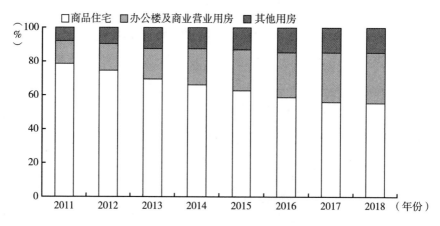

图6　黔东南州商品房开发用途分类对比

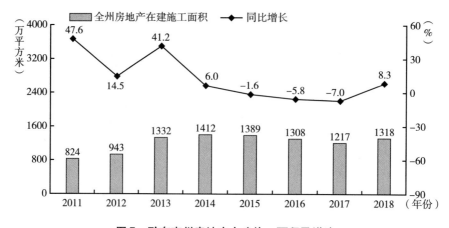

图7　黔东南州房地产在建施工面积及增速

## （四）新建商品房销售面积保持平稳增长

行业商品房网签系统数据显示，黔东南州 2018 年新建商品房累计销售面积 379.12 万平方米，同比增长 11.4%；销售金额 172.6 亿元，同比增长 23.4%。其中，住宅销售面积 315.81 万平方米，同比增长 9.2%；销售套数 26361 套，同比增长 8.0%；销售额 126.28 亿元，同比增长 20.4%。办公楼、商业营业用房及其他用房销售面积 63.3 万平方米，同比增长 23.9%；销售额 46.32 亿元，同比增长 32.5%。

凯里市新建商品房销售面积 171.08 万平方米，同比下降 1.5%；销售金额 89.5 亿元，同比增长 10.8%。其中，住宅销售面积 138.51 万平方米，同比下降 6.0%；销售套数 12487 套，同比下降 0.7%；销售金额 64.56 亿元，同比增长 4.8%（见图 8）。

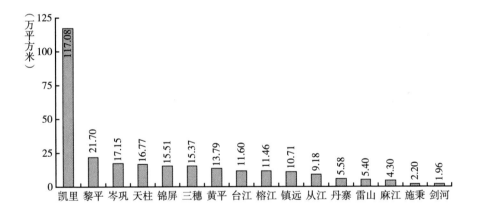

**图8 黔东南州各县（市）新建商品房累计销售面积**

据统计部门统计，2018 年全州新建商品房销售面积 279.77 万平方米，同比增长 2.8%，全州商品房销售面积占全省销售面积的 5.38%，占比在全省 9 个地州市中排第 7 位，增速排第 8 位（见图 9 和图 10）。

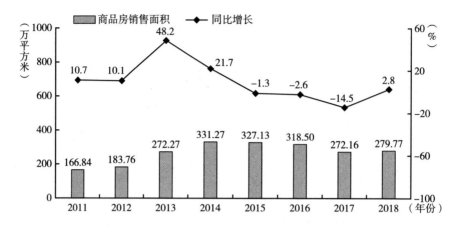

图9　黔东南州商品房销售面积及增速

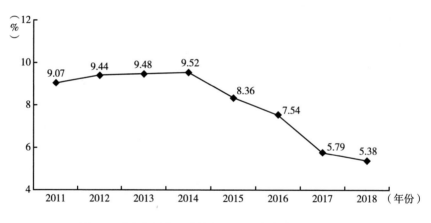

图10　黔东南州商品房销售面积占全省销售面积比例

## （五）二手房交易市场保持较快增长，县域二手房交易回暖

行业商品房网签系统数据显示，2018年全州二手房交易面积53.91万平方米，同比增长45.4%；交易额17.58亿元，同比增长54.6%。其中，二手住房交易面积47.73万平方米，同比增长45.2%；交易套数4063套，同比增长50.1%；交易额15.28亿元，同比增长62.0%（见图11）。

**图11　黔东南州二手住房交易面积及增速**

受改善性住房需求的拉动，凯里地区二手住房交易面积连续两年保持大幅增长。2018 年，凯里市二手房交易面积 33.97 万平方米，同比增长 47.9%；交易额 12.34 亿元，同比增长 50.2%。房地产交易面积和交易金额分别占全州总数的 63.0%、70.2%。其中，二手住房交易面积 31.33 万平方米，同比增长 44.6%；交易套数 2704 套，同比增长 44.4%；交易额 11.44 亿元，同比增长 61.5%。

县城二手房交易回暖。2018 年，除凯里外其他 15 个县二手房交易面积共 19.94 万平方米，同比增长 41.3%；交易额 5.24 亿元，同比增长 66.0%。其中，二手住房交易面积 16.4 万平方米，同比增长 46.2%；交易套数 1359 套，同比增长 62.9%；交易额 3.84 亿元，同比增长 63.6%（见图 12）。

## （六）全州新建商品住宅销售价格受诸多因素的影响，与全国四线城市同步总体呈上涨态势，凯里市受项目品质提升、州域中心城市吸附作用以及供求关系的叠加影响涨幅较大

据行业统计，2018 年凯里城区的商品住宅销售均价为 5004 元/平方米，同比上涨 14.2%；凯里经济开发区的商品住宅销售均价为 3659 元/平方米，

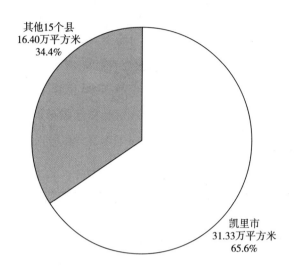

**图12 黔东南州二手住房交易情况**

同比上涨16.5%；其他15个县商品住宅销售均价为3491元/平方米，同比上涨11.7%。凯里经济开发区的商品住宅销售价格从2017年以来持续上涨，攀升到全州县域中间位置，显示凯里市作为州域中心城市对地区经济的辐射和带动作用进一步增强（见图13和图14）。

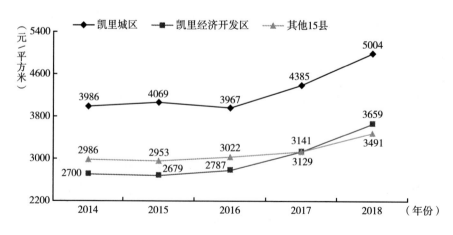

**图13 2014～2018年黔东南州各县（市）商品房价格走势**

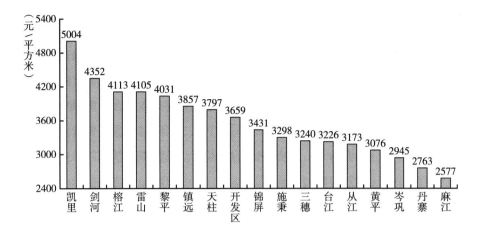

图14　2018年黔东南州各县（市）商品住房销售均价

## （七）银行对房地产开发贷款继续收紧、房地产开发到位资金增速下滑影响全州房地产开发投资及后续工程建设

2018年末，全州房地产开发贷款余额50.85亿元，同比增长40.2%；其中，地产开发（即土地购置）贷款余额3.2亿元，同比下降45.3%；购房贷款余额187.61亿元，同比增长10.6%。

统计部门数据显示，2018年黔东南州房地产开发到位资金总计113.04亿元，同比下降3.8%。其中，国内贷款3.21亿元，同比下降70.8%；自筹资金33.1亿元，同比下降24.3%；定金及预收款44.66亿元，同比增长71.2%；个人按揭贷款29.52亿元，同比下降6.1%；其他到位资金2.54亿元，同比下降96.0%。

## 二　全州2019年房地产市场预测

2019年，黔东南州计划安排重大工程和重点项目481个（含省重点项目213个），总投资3327亿元，2019年投资目标651亿元（省重点项目399

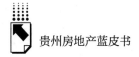

亿元）。其中收尾项目 108 个，总投资 374 亿元，年度投资目标 139 亿元；续建项目 213 个，总投资 1966 亿元，年度投资目标 376 亿元；新建项目 120 个，总投资 736 亿元，年度投资目标 131 亿元；预备项目 40 个，总投资 251 亿元，年度投资目标 5 亿元。按照项目涉及行业部门分类，全州 2019 年重大工程和重点工程项目涉及行业部门 21 个。

加大重点领域投资，聚焦关键领域和薄弱环节，着力实施补短板工程。扩大民间投资，着力拓宽投融资渠道，完成社会投资 170 亿元。大力招商引资，招引 100 家技术含量高、成长性好的企业，其中 500 强企业 3 家以上，新引进优质产业项目 200 个以上。强化金融支持，培育引进金融机构 5 家以上。

2019 年预计黔东南州新开工房地产开发项目 24 个，续建房地产开发项目 160 个，新建商品房销售 300 万平方米左右，预计可完成房地产开发投资 100 亿元左右，两项指标能够恢复 5% 左右的正增长。

# 黔南州2018年房地产市场运行报告

黔南州城乡建设和规划委员会课题组*

**摘　要：**　2018年是全面贯彻党的十九大精神的开局之年，是脱贫攻坚的关键之年。黔南州城乡建设和规划委员会大力推进山地新型城镇化战略实施，加大城镇建设力度，加快基础设施建设步伐，全面完成城建投资、商品房销售、建筑业产值年度目标任务，城镇基础设施不断加强，群众住房保障得到提高，人居环境不断改善，城镇建设取得新成就。

**关键词：**　黔南州　房地产市场　新型城镇化

## 一　房地产市场基本开发情况

### （一）综合

初步核算，2018年全州生产总值为1313.46亿元，同比增长10.8%。分产业看，第一产业增加值216.56亿元，同比增长6.9%；第二产业增加值468.25亿元，同比增长10.2%；第三产业增加值628.65亿元，同比增长12.6%，其中，其他服务业增长18.5%，高于地区生产总值增速7.7个百分点。三次产业结构比为16.49∶35.65∶47.86。全年人均地区生产总值39965元，同比增长10.3%（见图1）。

---

* 课题组成员：罗加建，黔南州城乡建设和规划委员会住房建设科科长。

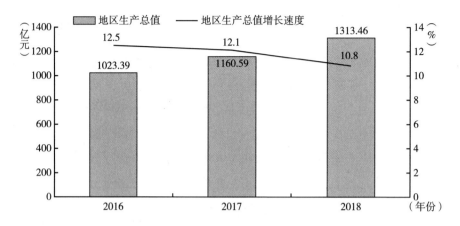

**图1 2016～2018年黔南州地区生产总值及增长速度**

资料来源：黔南州城乡建设和规划委员会，后同。

## （二）住房公积金贷款

2018年调整个人住房贷款最高额度40万元，其中，单缴存职工最高额度40万元，双缴存职工最高额度40万元。发放个人住房贷款0.86万笔25.27亿元，同比分别增长10.05%、14.15%。回收个人住房贷款9.24亿元。

2018年末，累计发放个人住房贷款6.56万笔132.66亿元，贷款余额92.76亿元，同比分别增长15.09%、23.53%、20.89%。个人住房贷款余额占缴存余额的111.07%，比上年增加7.13个百分点。

2018年，支持职工购建房108.8万平方米，年末个人住房贷款市场占有率为47.73%，比上年增加4.85个百分点。通过申请住房公积金个人住房贷款，可节约职工购房利息支出69372.77万元。职工贷款笔数中，购房建筑面积90（含）平方米以下占4.21%，90～144（含）平方米占81.77%，144平方米以上占14.02%。购买新房占95.84%（其中购买保障性住房占0.56%），购买二手房占3.53%，建造、翻建、大修自住住房占0.63%。2018年，发放异地贷款501笔14909.4万元。2018年末，发放异地贷款总额30037.1万元，异地贷款余额27927.28万元。

## （三）固定资产投资情况

黔南州2018年固定资产投资比上年增长17.2%。其中：工业投资比上年增长13.7%，产业投资占固定资产投资比重28.1%。废弃资源综合利用业，其他采矿业，渔业，土木工程建筑业，机动车、电子产品和日用产品修理业等行业固定资产投资高速增长，分别增长9657.1%、1987.0%、656.8%、330.4%、271.4%。

2018年，房地产开发完成投资203.82亿元，较2017年同期增长12.51%，其中住宅完成投资142.45亿元，较2017年同期增长11.57%，国内贷款5.88亿元，同期增长40.86%，其他资金129.57亿元，同比下降4.43%（见表1）。

### 表1　房地产开发投资完成情况统计

单位：万元,%

| 指标名称 | 金额 | 增速 |
|---|---|---|
| 本年完成投资 | 2038155 | 12.51 |
| 其中:住宅 | 1424524 | 11.57 |
| 土地购置费 | 242229 | 90.85 |
| 本年实际到位资金 | 2195264 | 10.73 |
| 其中:国内贷款 | 58820 | 40.86 |
| 利用外资 | 700 | 0.00 |
| 自筹资金 | 840085 | 13.15 |
| 其他资金 | 1295659 | -4.43 |

资料来源：黔南州城乡建设和规划委员会。

## （四）商品房开发建设及销售情况

2018年，黔南州共销售商品房744.38万平方米，较2017年销量增加39.19万平方米，其中商品住宅647.96万平方米，较2017年销量增加

69.53 万平方米。全州商品房销售总额 362.99 万元，较 2017 年增长 22.05%，其中商品住宅销售额 285.44 亿元，较 2017 年增长 38.65%，房屋施工面积 1997.98 万平方米，其中住宅施工面积为 1338.90 万平方米，商品房销售均价为 4876 元，较 2017 年增长 15.63%，其中住宅销售均价为 4405 元，较 2017 年增长 23.77%（见表 2）。

表 2　商品房开发建设及销售情况统计

| 指标名称 | 数量 | 增速(%) |
|---|---|---|
| 本年完成投资(万元) | 2038155 | 37.84 |
| 　其中:商品住宅 | 1424524 | 36.02 |
| 　　土地购置费 | 242229 | 241.53 |
| 商品房销售面积(平方米) | 7443781 | 5.56 |
| 　其中:商品住宅 | 6479641 | 12.02 |
| 商品房销售额(万元) | 3629895 | 22.05 |
| 　其中:商品住宅 | 2854376 | 38.65 |
| 房屋施工面积(平方米) | 19979800 | 4.22 |
| 　其中:商品住宅 | 13388992 | 5.15 |
| 房屋新开工面积(平方米) | 6752985 | 91.09 |
| 　其中:商品住宅 | 4616638 | 86.35 |
| 房屋竣工面积(平方米) | 1478336 | 209.97 |
| 　其中:商品住宅 | 1061172 | 242.06 |
| 房屋竣工价值(万元) | 457279 | 345.34 |
| 　其中:商品住宅 | 289234 | 346.65 |
| 房屋竣工造价(元/平方米) | 3093 | 43.67 |
| 　其中:商品住宅 | 2726 | 30.58 |
| 房屋待售面积(平方米) | 224837 | −32.45 |
| 　其中:商品住宅 | 131836 | 0.48 |
| 商品房销售均价(元/平方米) | 4876 | 15.63 |
| 　其中:商品住宅 | 4405 | 23.77 |
| 本年实际到位资金(万元) | 2195264 | 11.74 |
| 　其中:国内贷款 | 58820 | −26.25 |
| 　　利用外资 | 700 | 0.00 |
| 　　自筹资金 | 840085 | 16.27 |
| 　　其他资金 | 1295659 | 0.00 |
| 本年土地购置面积(平方米) | 687980 | 245.50 |
| 本年土地成交价款(万元) | 79070 | 135.53 |
| 土地购置均价(元/平方米) | 1149 | −31.83 |

资料来源：黔南州统计局。

### （五）完成城建投资情况

2018年黔南州城建投资年度目标为400亿元。截至12月底，黔南州共实施包括市政基础设施项目、公共服务设施项目、棚户区改造项目、房地产开发项目、风景名胜区建设项目在内投资规模在500万元以上的城镇建设项目795个，总投资3217.76亿元，全年完成投资433.62亿元，同比增长8.8%，为全年目标任务的108.41%。

### （六）建筑业产值完成情况

2018年初黔南州政府安排建筑业总产值任务为184亿元，下降15%；9月调整为196亿元，下降10%；12月省政府将任务目标从年初的270亿元调整为190亿元，同比下降12.3%，力争达200亿元。截至2018年12月底，调度预估完成建筑业产值为197亿元。

## 二 2018年房地产市场运行情况

### （一）积极推进新型城镇化建设

积极开展"十三五"规划中期评估工作，完成《黔南州十三五新型城镇化发展规划（2016～2020)》中期评估，为下步全州新型城镇化建设的推进提供指导依据。积极指导都匀、独山、三都三县（市）开展国家新型城镇化综合试点工作，都匀市"制定与还债能力和可用财力增量相适应的政府举债规划，设立偿债准备金，通过核销、PPP化解、剥离等方式降低政府债务余额"及"引入上海股权交易中心，挂牌都匀市孵化基地，打通中小企业与资本市场的对接平台"的新型城镇化推进工作方法被国家发改委列为第一批国家新型城镇化试点经验在全国推广；三都县按照"一达标、两不愁、三保障"目标，探索智志双扶、集团包保、干部下沉、产业带动等有机结合的脱贫攻坚工作方法推进试点；独山县积极探索"民

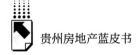
办""国有民办""联合办学""委托管理"等多种教育模式开展试点工作。2018年全州常住人口城镇化率为52.05%，比2017年增加1.24个百分点。

### （二）全面完成农村危房改造任务

2018年黔南州农村危房改造任务为26148户，按照省、州要求，已于2018年11月底全部完成，同时完成考核反馈83个问题，6297个4类重点对象超面积负债建房和53465个农危房改造信息平台问题的整改。完成老旧住房透风漏雨专项整治54266户。

### （三）基本完成保障性住房任务

2018年黔南州住房保障目标任务为：棚改开工44935户，基本建成15000套。公租房建成3000套，政府投资公租房完成分配90%，发放租赁补贴3750户。截至12月5日，棚改开工44691套（独山县未完成1792套），开工率为99.46%；公租房建成3290套，完成率109.7%；黔南州历年政府投资建成的公租房共55769套，已分配51601套，分配率为92.5%；发放租赁补贴3935户，完成任务的104.93%。

### （四）城市品质进一步提升

强力实施城市品质提升三年行动计划，完成市政基础设施建设投资174.71亿元，占省目标任务的102.77%，新增城市道路101公里，占目标任务的101%；新增健康绿道202.82公里，占任务数的156.02%；新增城市绿地202.82公顷，占目标任务的156%；新建或改造公厕91个，占目标任务数的113.75%；新增停车位12272个，占任务数的102.27%；新增海绵城市项目16个，建成海绵城市14个，占任务数的100%；完成背街小巷整治项目20个，占任务数的100%；开工建设地下综合管廊14.45公里，占任务数的103%，全州生活垃圾无害化处理率达到78.52%。

### （五）小城镇基础设施逐步完善

继续完善、提升小城镇基础设施，2018年开工建设8 + X项目178个，其中在建项目137个，完工项目45个。加快乡镇污水处理和垃圾收运设施建设，实施15个污水处理厂和32个垃圾收运设施建设工作。小城镇完成建设投资79.06亿元，占年初目标任务的112.94%。全面推进福泉市、龙里县、贵定县整县推进小城镇建设示范县工作，三县（市）的小城镇基础设施得到极大改善，推动了城镇融合发展，促进了镇村联动，提升了小城镇核心竞争力，实现了小城镇健康、协调、可持续发展。

## 三　存在的主要问题

（1）建设资金压力大，地下综合管廊建设等投资量大的项目部分县（市）实施困难。

（2）部分县500万元以上项目储备不足，造成新开工项目数量减少，城建投资支撑不足。

（3）受脱贫攻坚影响，部分县（市）将发展重心转移至扶贫产业项目，城建项目储备进行了适当调整，造成新开工项目数量减少，支撑项目不多，投资量较少。

（4）全州建筑企业散小弱问题没有得到实质性的改变。

（5）全州棚户区改造因资金不到位，实质性开工率不高。

（6）全州城乡垃圾处理水平不高。城市垃圾处置以填埋为主，垃圾焚烧发电厂推进缓慢；农村垃圾在"村收集、镇转运、县处理"的体系下，普遍存在"村收不上来、镇转不出去"的问题，垃圾收运处置还有不少"盲点"。

（7）开展乡镇环境整治"一引领、保两洁、三提升、治七乱"中，保洁和治乱成效明显，"三提升"中补齐基础设施短板方面较为滞后，成效还不够明显。

（8）农村违法建设和风貌管控未取得实质性成效。

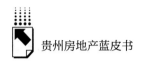

# 四　2019年工作展望

## （一）大力推进农村危房改造及老旧住房透风漏雨专项整治，确保贫困县如期出列

2019年，将深入推进农村老旧房屋透风漏雨专项整治工作，全部"清零"农村危房改造存量，确保提前一年完成脱贫攻坚农村危房改造任务。

## （二）积极应对棚改新形势

受国家和省2019年棚改政策的影响，2019年黔南州棚改数量大幅缩减，直接影响房地产投资销售。面对这一新的形势和变化，且2018年受经济下滑和融资形势影响，尚有一批棚改项目只签订协议而未兑现补偿，也未形成真正的投资，高质量地抓好这些存量项目，可以稳住一定的固定投资。

## （三）支持重点企业升级，扶持当地企业提质，推进建筑业发展

大力培育和发展壮大黔南州内本地建筑企业，加大扶持龙头企业，支持黔兴置业（集团）有限公司转型升级，组建黔南建工集团。指导各县（市）政府按照项目规模和技术要求，不盲目追求高资质，让本地企业更多地参与市场竞争，符合直接发包条件的项目，发包给州内特别是库内符合项目需求的企业施工，提高本地企业的市场份额。

## （四）以基础设施补短板为抓手，进一步推进城市品质提升和乡镇环境整治

抢抓国家基础设施领域补短板机遇，围绕城镇基础设施建设领域，谋划储备一批市政基础设施项目。持续推进城镇品质提升和乡镇环境整治三年行动计划，结合乡村振兴战略，强力推进一批市政基础设施建设。2019年计

划新增城市道路 100 公里，开工建设地下综合管廊 16 公里，新增停车位 1.3 万个，新增绿地 100 公顷，并推进一批海绵城市项目建设、垃圾处理设施项目、城镇公厕项目建设等，2019 年力争完成市政基础设施建设投资 200 亿元。实现独山、平塘、三都三县生活垃圾运往都匀焚烧发电厂处理，积极推进福泉、龙里、长顺、罗甸、荔波生活垃圾焚烧发电项目前期工作，力争实现开工。继续推进公共服务设施均等化，开展 15 分钟便民服务圈建设。继续推进城市管理执法重心下移工作，为乡镇环境综合整治工作奠定基础。

### （五）以绿博园建设为契机，全力支持都匀市和都匀经济开发区的发展

按照黔南州委关于支持都匀发展的意见，全面推动都匀市和都匀经济开发区加快城市建设。围绕把绿博园打造成为"绿水青山新画卷，生态文明新标杆"、把绿博会办成"国际知名、国内一流"的绿色盛会的工作目标，加大补齐都匀基础设施短板，加快都匀棚户区和旧城改造步伐，坚持集中连片开发的原则，确保改造一片、成熟一片，提升城市规划建设管理水平。

### （六）做好小城镇建设高质量发展

继续加大整县推进小城镇建设力度，力争更多的县市列入全省的整县推进小城镇建设示范名单。在完善小城镇污水、垃圾处理、基础设施、公共服务设施的基础上，进一步提质升级，增强县域小城镇综合承载能力。在 2020 年前要实现所有建制镇的污水处理、垃圾收运设施、卫生厕所全覆盖。按照"以镇带村、以村促镇、镇村融合"的发展理念，继续推广 1 + N "镇村联动"发展模式，推动小城镇与美丽乡村基础设施、公共服务设施、产业发展、生态环保、村镇管理等方面实现融合发展，助推农村脱贫攻坚。

# 专 题 篇

**Special Reports**

## B.16

# 脱贫攻坚 住房为先

## ——贵州以改善居住为先导的精准扶贫模式综述与展望

武廷方 郭 云*

**摘 要:** 以改善居住为先导的农村危房改造和异地扶贫搬迁是中央做
出的一项脱贫攻坚重大决策,贵州省紧扣国家脱贫攻坚目标,
坚持将农村危房改造和异地扶贫搬迁作为实现贫困群众住房
安全保障的重要抓手,取得了重大成效,形成了一些经验,
有效助推脱贫攻坚进程助力脱贫目标的实现。但在危房改造
和异地扶贫搬迁进程中,仍然面临一些挑战。农村危房改造
和异地扶贫搬迁不仅要解决农民所面临的住房问题,更要考
虑后续发展问题。因此,要结合近期目标和远期目标等诸多

---

\* 武廷方,贵州省房地产研究院院长、教授;郭云,贵州省房地产研究院助理研究员、华中师
范大学博士生。

因素综合考虑，融入可持续发展的整体，才是最为有效的途径。

**关键词：**　精准扶贫　危房改造　移民搬迁　可持续脱贫　贫困治理

# 一　引言

居住是人类的基本需求，住房的功能就是满足和实现人们的居住需求。房地产的本质在于为社会生产和生活提供空间和服务，它是各类经济活动的基本要素。以农村危房改造和易地扶贫搬迁的住房改善是国家实现全面建成小康社会宏伟目标的重要举措，是国家脱贫攻坚"五个一批"重要举措之一。作为多民族聚居的欠发达省份，贫困和落后是贵州的主要矛盾。可以说以前的贵州，贫困程度远比"天无三日晴、地无三里平、人无三分银"的说法严重得多。1985年6月4日，时任中共中央政治局委员、中央书记处书记习仲勋同志在新华社《国内动态清样》上对《赫章县有一万二千多户农民断粮，少数民族十分困难却无一人埋怨国家》一文作出重要批示："有这样好的各族人民，又过着这样贫困的生活，不仅不埋怨党和国家，反倒责备自己'不争气'，这是对我们这些官僚主义者一个严重警告！！！请省委对这类地区，规定个时限，有个可行措施，有计划、有步骤地扎扎实实多做工作，改变这种面貌。"[1] 习仲勋同志的重要批示，拉开了国家有组织、有计划大规模扶贫的序幕。2011年习近平总书记在贵州考察时指出，要紧扣科学发展这个主题，围绕加快转变经济发展方式这条主线，牢牢把握国家实施新一轮西部大开发战略和新一轮扶贫开发等重大机遇，用足用好中央的支持政策，充分发挥自身优势，努力做到又好又快，在转变发展方式中实现跨越式发展。作为全国脱贫攻坚主战场，贵州各级党委政府坚持以习近平总书记

---

[1]　陈昌旭：《奏响"脱贫攻坚　毕节率先"最强音》，《学习时报》2016年5月16日。

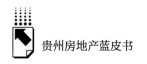

多次对贵州考察、对贵州发展做出的重要指示为指引，结合贵州省情，深入贯彻落实中央关于大扶贫战略行动的决策部署，坚持将改善居住作为精准扶贫、脱贫攻坚的战略举措，全省上下齐心协力，将实施农村危房改造和易地扶贫搬迁作为实现"贫困人口住房安全有保障"的重要举措和途径加以推进，取得了令人瞩目的成就，这对于贵州打好打赢精准脱贫攻坚战、在国家现行标准下实现农村贫困人口"两不愁、三保障"的脱贫目标具有重要意义。

## 二 贵州以改善居住为先导的精准扶贫成果

房子是人类的基本需求。房子自古就被中国人当成安身立命之所，当作心灵的栖息之地。从某种意义上来说，幸福产生的源泉是家，而家的前提是房子，因为有了住房才有生存的依托，才会满足生活的基本保障。由此可见，房子象征着一个人的社会地位，有无房产直接表明一个人的财富状况。因此，拥有安全的住房对于一个人发展的重要性不言而喻，拥有安全的住房财产可以稳定个人生存预期、增强社会发展信心、提高社会福利水平。贵州省实施以农村危房改造和易地扶贫搬迁为主要内容的住房改善扶贫模式，取得了决定性进展，切实解决了广大农村贫困群众的住房安全需求，为他们提供了基本的生活保障依托，解决了安全住房后顾之忧，为他们提供了一个心灵的栖息幸福家园。危改十年和易地扶贫搬迁三年多来，实施危改和异地扶贫搬迁的住房 374.5 万套，让 1149.42 万贫困群众实现"安居梦"（其中，危改房约 330 万套，惠及困难群体 330 万户、1000 多万人；异地扶贫搬迁截至 2019 年 5 月建成 44.5 万套，惠及搬迁贫困群众 149.42 万人）。

### （一）农村危房改造十年发展成效显著

农村危房改造作为党中央、国务院实施的一项专项政策，于 2008 年开始试点，2012 年全面推广实施。作为全国首个农村危房改造试点省份，贵州省于 2008 年 7 月打响全国危改"第一炮",启动农村危改试点工作并于 2009 年在全省 88 个县(市、区、特区)全面推行实施。危改 10 年来,贵州结合当地实际因地制宜开展实施,取得了显著成效,贵州危改实施经历了三个主要发展阶段。

一是从部分试点探索到试点全面扩大阶段。贵州于 2008 年 7 月启动农村危改,在中央危改试点资金未下达之前,贵州省于当年 8 月先下拨省级财政资金 1 亿元,市(州、地)、县(市、区、特区)配套 0.5 亿元,实施"万户试点"工程,率先打响农村危改"第一炮",当时试点涉及贵州 9 个市(州、地)、21 个县(市、区、特区)、119 个乡(镇),试点惠及困难群众 10800 户。随着试点的推进,2009 年,国务院将农村危改试点任务扩大,当年贵州省全部县(市、区、特区)均被列为试点改造地区,这标志着贵州农村危改工作进入全面启动阶段。当年为贯彻落实好中央扩大农村危改试点措施,贵州省颁布了《农村危房改造工程党政领导干部问责办法》以确保农村危改有力有序推进。贵州省在当年预算下拨省级财政资金 2.65 亿元,加上中央补助资金 2 亿元,共计 4.65 亿元对农村危房实施"扩大试点"改造,涉及农村困难群体 3.25 万户。2010 年,经过三年危改试点,完成了农村危改第一批"整县推进"阶段性试点工作任务,涉及的 13 个试点县(市、区、特区)完成各类危改房共计 83049 户,并于当年 6 月在贵州普定、金沙、从江、安龙、碧江等 5 个县区启动了第二批"整县推进"试点任务。2008~2010 年,中央下达贵州省 38 万户农村危改任务数,下拨中央补助资金 20.8 亿元,而贵州实际改造任务数 62.2 万户,超过国家下达任务数 24.2 万户,截至当年竣工 60.5 万户,投入省级资金 26.91 亿元,市(州、地)、县(市、区、特区)两级财政共投入资金 20.6 亿元,危改户自筹资金约 123.06 亿元。贵州三年危改试点始终坚持因地制宜、实事求是,做到攻坚克难,探索形成了一套具有贵州特色的危改经验,为全面推进下一步农村危房改造工作实施起到了先导示范作用。

二是从"全面推进"到"新一轮启动"阶段。2011 年,贵州农村危房改造以每年完成 40 万户的速度推进按下加速键，2012 年累计改造危房 95 万户；2013 年农村危改在历经"试点"到"扩大试点"进入"全面推进"阶段，五年实际完成危房改造 139.1 万户。之后，按照党中央、国务院关于建设"四在农家·美丽乡村"的决策部署，贵州省紧扣"四在农家·美丽乡村"目标，启动新一轮农村危改工作，切实做到以优先改造一级危房、地质灾害危房、五保户二三级危房为"先手棋"，深入推进农村危房改造工程。

三是聚焦脱贫攻坚深入推进阶段。2015 年国家开始实施大扶贫战略行动，党中央、国务院做出了坚决打赢脱贫攻坚战的战略决定，提出 2020 年全面建成小康社会，实现农村贫困人口"两不愁""三保障"的目标，而住房安全是完成"三保障"中重要的目标内容之一和重要的民生工程。自 2015 年以来，贵州省紧紧围绕国家大扶贫战略决策部署，紧扣脱贫攻坚战略，严格聚焦精准扶贫、精准脱贫目标，以贫困户、低保户、农村分散供养特困对象和贫困残疾人四类重点群体为瞄准对象，深入推进农村危改工作。2016 年的危改工作，主要聚焦上述四类精准扶贫建档立卡对象予以实施。2017 年制定出台了《贵州省农村危房改造和住房保障三年行动计划（2017～2019 年）的通知》，并同步实施"三改"（改厨、改厕、改圈）工作。2018 年，进一步深化提升危改工作，全面解决落实四类对象的住房安全保障问题，并针对存在的老旧住房透风漏雨现象，同步配套开展专项整治，多措并举落实农村住房保障，不断完善全方位的农村住房保障体系。2019 年，发起最后总攻，现有存量危房改造将全面完成，这标志着贵州十年危改，临界收官。2020 年底前，贵州全面消除农村老旧住房透风漏雨现象。

10 年来，作为贫困面最大、贫困程度最深的省份，贵州省实施以危房改造为精准落实脱贫攻坚的农村住房保障政策的精准扶贫模式，十年实施危房改造累计约 330 万户，难度可想而知，这相当于过去十年平均每天改建房屋 900 多套；十年中央、省级财政共投入农村危改补助资金 268.2 亿元，预计带动社会投资近千亿元，让千万贫困群众实现"安居梦"，这不仅是贵州

脱贫攻坚奋斗史的缩影和凝练，更是贵州实施"乡村振兴"战略的标志性
工程。

## （二）异地扶贫搬迁成效斐然

通过易地搬迁来解决生态脆弱地区贫困问题，不愧是一种有效手段。人
类发展的历史告诉我们，为了顺应社会的发展趋势，人类必然会选择迁徙。
从这个意义上来说，迁徙又是人们为了追求美好生活而采取的重要方式。通
过实施易地扶贫搬迁来实现脱贫发展，让"一方水土养不起一方人"地区
的贫困人口从根本上摆脱贫穷落后面貌，这逐渐被那些生存条件恶劣、生态
环境脆弱地区的贫困群众所接受，也是他们经历长期贫困后形成的必然的广
泛共识。因此，通过易地扶贫搬迁方式，来促进人口与资源和生态的协调发
展显得尤为重要，而且势在必行。贵州作为国家"十三五"脱贫攻坚的主
战场，始终坚持把易地扶贫搬迁作为脱贫攻坚战略的重要举措和打赢脱贫攻
坚战决胜全面小康的重要抓手，率先在全国有计划、有组织地启动了新时期
易地扶贫搬迁工程，实施力度之大、规模之空前、影响之深前所未有。

一是从易地扶贫搬迁的规划情况看，首先在搬迁人数上，规划的移民搬
迁188万人（包含建档立卡贫困户150万人和同步搬迁人数38万人）。其次
在安置点和住房套数上，规划建设安置点946个、住房45.27万套。计划分
三个年度实施，其中2016年计划建设安置点547个，搬迁44.8万人，2017
年计划建设安置点263个，搬迁76.2万人，2018年计划建设安置点136个，
搬迁67万人。各地计划建设住房45.27万套，其中2016年项目10.91万
套，2017年项目18.24万套，2018年项目16.12万套。

二是从住房建设及搬迁入住情况来看，截至2019年5月，全省共建成
住房44.5万套，累计搬迁任务完成了149.42万人。其中：2016年完成住
房建设10.91万套，实现了44.8万人全部搬迁入住；2017年完成住房建设
18.22万套，76.2万人全部搬迁入住；2018年建成住房15.37万套，占各
地计划建房数的95.92%，已搬迁入住33.56万人，剩余33.44万人计划在
2019年6月底基本完成搬迁任务。

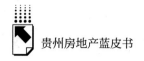
三是从安置方式及安置规模情况来看，建设集中安置点共计946个。其中，建成县城安置点354个，完成安置人数147.25万人，占比78%；建成中心集镇安置点347个、实现安置31.83万人，占比16.9%；农村安置点建设245个，实现安置8.9万人，占比5.1%。城、镇合计集中安置179.08万人，占"十三五"搬迁总规模的比例为95.26%。安置点采取分年度完成，从三年的实施情况看，其中2016年建设安置点547个，搬迁44.8万人，2017年完成安置点建设263个，搬迁76.2万人；2018年完成安置点建设136个，搬迁66.98万人。

四是从建设资金情况来看，"十三五"期间，贵州省易地扶贫搬迁工程共需筹集易地扶贫搬迁资金1128亿元（不含建设征地、规划设计、实施方案编制、地质勘查、招投标等工程建设前期费用），其中，中央预算内投资119.52亿元，省级资金940亿元，群众自筹68.48亿元。为确保异地扶贫搬迁资金落实到位，省政府专门成立了贵州扶贫开发投资有限公司专职承担易地扶贫搬迁建设资金投融资和"统贷统还"任务，公司注册资本金为248.74亿元。

上述异地扶贫搬迁所取得的成效，为贵州决胜脱贫攻坚和"乡村振兴"战略的实施奠定了坚实基础。


# 三　主要措施与经验

## （一）坚持制度引领，高位推进以改善居住为先导的扶贫工作

一是高度重视、强化领导。贵州省委省政府高度重视以改善居住为先导的农村改造和易地扶贫搬迁工作，坚持把农村危改和异地扶贫搬迁作为打赢脱贫攻坚战的重要手段抓紧抓实抓好，全省易地扶贫搬迁工作按照"搬迁是手段，脱贫是目标"的根本要求推进。为确保易地扶贫搬迁工作有力推进，贵州省出台了一系列制度文件，成立由省委书记、省长任双组长，省政府有关分管领导任副组长，省直相关部门、有关市（州）党政主要负责人

为成员的指挥部，加强对全省易地扶贫搬迁工作的统一组织领导，对有关重大工作进行统筹和调度，确保全省一盘棋整体推进。地方各级党委政府认真落实地方党政主体责任，成立相应的工作领导小组指挥部，明晰部门职责分工，形成了推动易地扶贫搬迁的整体合力。二是通过制度推进落实。贵州省重视以制度推进工作，注重省级层面制度设计，不断完善易地扶贫搬迁政策制度体系，首先以省委省政府联名或省政府名义出台了关于精准实施易地扶贫搬迁的4个规范性文件，为全省各地做好易地扶贫搬迁工作提供了制度遵循。其次，同步出台了13个支撑性文件和一系列易地扶贫搬迁政策宣传提纲、工程实施指南、工程实施方案等配套性操作实施文件，18个省直部门出台了20个行业配套文件，形成了较为完善的政策体系和体制机制。最后，省质监部门在全国发布了第一个《精准扶贫易地扶贫搬迁工作管理规范》标准体系，为易地扶贫搬迁各个环节实行标准化管理提供制度支撑。这些系列制度文件，将责任层层压实，形成了各级党委、政府主要领导亲自抓，分管领导具体抓，一级抓一级，层层抓落实的工作格局，有力、有序、有效推进危改和异地扶贫搬迁工作。

### （二）坚持以脱贫目标为统领，推进落实异地扶贫搬迁安置工作

易地扶贫搬迁是一项百年大计、影响深远的复杂的系统工程，是对人口分布、资源环境、经济社会的重新调整和完善，其实施情况直接关系到脱贫攻坚的成效，关系到贵州100多万贫困群众的幸福感和获得感。可以认为，作为一项社区再造和重建工程，它不仅涉及安置住房、基础设施和公共服务设施的新建设，更涉及搬迁移民如何就业创业、社会治理、文化传承等很多重要方面。贵州省坚持以脱贫目标统领搬迁全过程，注重因地制宜、精准施策，"挪穷窝"与"换穷业"同步，将"搬迁是手段，脱贫是目的"的理念贯穿于安置区选址、安置模式选择、安置房及配套设施建设、后续产业发展和就业扶持全过程。按照"搬得出、住得稳、可发展、能致富"的要求，以方便搬迁群众生产生活和就业为目标，安置区选址尽量靠近交通设施便利、配套设施完善的中心村、城镇、产业园区、旅游景区，以利于移民生活

条件改善、后续就业致富、脱贫成果巩固、子女就近入学等问题。坚持统筹超前谋划，避免出现重复选址或因选址不当的二次搬迁发生。全省移民搬迁采取以集中安置为主，辅以分散安置相结合的安置模式。在移民搬迁中，着力推进搬迁安置与乡村旅游的有机结合，支持鼓励搬迁群众利用对旅游资源的开发和开办农家乐等多种方式来实现脱贫致富。逐步完善安置区基本公共服务设施，为安置搬迁群众提供便利服务，有效解决搬迁户就医、子女就学等问题。采取有效措施在安置区附近发展产业或创设就业途径，引导搬迁群众实现就近就业。持续加大易地扶贫搬迁政策资金投入，让搬迁群众获得安全住房的成本最低化，有效防止出现群众因搬迁举债无力再发展的问题，帮助搬迁群众不断拓展增收渠道，努力实现扶真贫、真扶贫、真脱贫。

### （三）以"六个坚持"为遵循，全面提高搬迁质效

一是坚持扶贫搬迁资金由省级统贷统还，让县（市、区、特区）集中精力抓搬迁。省级按照人均6万元的投资标准，采取"统贷统还"方式筹足资金，这样一来，筹资压力和责任就集中落在省一级，市（州）、县（市、区、特区）两级可以集中精力抓搬迁。二是对贫困自然村寨，坚持以整体搬迁为主，精准落实搬迁对象。贵州全省在"十三五"期间将完成自然村寨整体搬迁10090个，最大限度拓展政策的覆盖面和受益面，同时也为迁出区的生态修复和开发提供了空间，实现生态效益最大化。三是坚持城镇化集中安置，从根本上阻断贫困的根源。自2017年起，全省以断穷根、换穷业为出发点，坚持实行城镇化集中安置。四是实行以县为单位集中建设安置点，强化项目工程的规范化管理，确保安置房屋的质量安全。五是为了不让贫困户因搬迁而负债，严控搬迁成本。采取"四个严控"（严控住房面积、建设成本、个人自筹标准和高层电梯房）等措施，切实做到"保基本"，严防群众因搬迁而负债影响脱贫。对中心村安置点，实行人均住房面积不超过25平方米，将住房成本控制在1200元/平方米以内；对城镇安置点，实行人均住房面积不超过20平方米，住房成本控制在1500元/平方米以内。结余资金可用于住房简单装修，住房简单装修控制在300元/平方米

以内。六是坚持强化以岗定搬和以产定搬，切实将就业和产业脱贫措施精准落到实处。做好搬迁前的"双向调查"工作，对搬迁规模，根据安置地可提供就业岗位和安置容量来予以确定，同步为搬迁群众配套建设相关脱贫产业。建立移民搬迁户劳动就业台账，加强对搬迁移民的劳动力就业培训，多举措多渠道让搬迁劳动力能够稳定就业，保证实现有劳动力的搬迁家庭至少1人以上就业。

### （四）坚持自愿原则，按照程序精准识别易地扶贫搬迁对象

坚持"群众自愿"原则，坚守搬迁工作底线，做好搬迁移民宣传动员工作，充分尊重其搬迁意愿，不搞命令强迫，通过晓之以理、动之以情来积极引导群众自力更生、主动搬迁。同时，扣准对象认定的"第一颗纽扣"，在识别程序上不少一环，公开宣讲政策，公开评议对象，公示评议结果，把知情权、评议权、监督权交给群众。

一是抓好政策宣传。通过进村入户、召开村民会议、组织集中学习、悬挂标语、发放宣传册等多种群众喜闻乐见的方式，广泛宣传搬迁政策，让搬迁政策家喻户晓。通过采取组织群众到安置点参观、监督的形式，从各方面帮助群众算清搬迁账、发展账、脱贫账，并介绍入住后的产业规划，做到一户一策，让群众做搬迁的明白人。二是精准识别对象。始终把精准识别搬迁对象放在首位，根据贫困户搬迁意愿，严格按照"群众申请、入户核实、村（居）评议、乡镇审核、县级审批"的程序对搬迁对象进行严格识别和筛查，锁定搬迁对象，实行"两公示、一公告"，确保搬迁对象到户精准、到人精准。严格核对所有搬迁对象信息，坚决杜绝把不符合条件的搬迁对象搬迁，符合条件的搬迁对象不搬迁现象发生。三是严格建设程序规范。坚持严格按照法人责任、招投标、监理、合同等法律制度规定，落实统规统建项目建设。对自建项目，采取议价方式择优选择具备资质的工程施工单位建设，实行由乡镇统一监管，抓好房屋建设质量，以保证住房质量安全。四是抓好相关政策措施的落实。再次精准识别后，与搬迁贫困群众面对面摸清其家庭情况，并一道共同商议，制定符合其自身发展的后续脱贫计划，结合家

庭情况编制具体、有效的后续就业保障措施，切实把搬迁就业保障措施落实到户到人到就业岗位。首先，搬迁住房要坚持"保障基本"，不搞豪华装修，让建成的房子有人住、住得下，当年建当年住。同时对深度贫困、无力建房的特殊建卡贫困户采取"兜底"搬迁，实施"交钥匙"工程，实现"零负担"拎包入住。其次，立足"四好三美"目标，因地制宜抓好搬迁住房配套设施建设，认真评估好搬迁后的生产生活需求，创新工作方法和优化搬迁模式，让搬迁群众入住后，对搬迁住房感觉"质量好、风貌好、环境好、配套好"，住得踏实，感觉安心、舒心、放心。同时，将易地扶贫搬迁作为系统工程进行统筹谋划，切实提升搬迁质量和水平，使搬迁安置地成为"生态美、产业美、生活美"的"三美家园"。

### （五）坚持"五个体系"建设，全力抓好搬迁后续工作

一是完善基本公共服务体系。坚持以实现基本公共服务均等化为目标，不断聚焦社会保障、公共教育、卫生医疗、文化社会服务等设施设备健全和完善。着力补全教育资源，"缺多少补多少"，满足搬迁群众子女的入学需求；在每个安置点设置 1 个医疗卫生服务机构，确保搬迁群众就医需求；按照自愿选择原则，做好搬迁移民的社会保障政策的转移接续工作，努力实现应保尽保；积极推动符合实际的社区综合服务中心（站）、新时代文明实践中心、文体活动中心、老年服务中心、儿童活动中心等建设。截至 2019 年 5 月，已办理搬迁群众户籍迁移 8.99 万户 36.72 万人，办理"易地扶贫搬迁市民证"3.4 万户 17.64 万人；转移医保 16.06 万户 72.58 万人、养老保险 12.16 万户 39.04 万人，纳入安置地城市低保 2.84 万户 7.98 万人。拟配套新建、改扩建安置区学校 393 所、建设基层医疗卫生服务机构 270 个。

二是建好培训和就业服务体系。统筹各相关部门培训资源，强力推进搬迁劳动力全员培训，加大招商引商力度，兴办劳动密集型企业增加就业岗位；结合新型城镇管理实际，开发公益性岗位。目前，全省各级人社部门已在黔籍务工人员相对集中的省市建立了劳动协作工作站 145 个，收集岗位 74.82 万个。安置点已配套农业产业项目 301 个，覆盖易地扶贫搬迁群众

5.28 万户 49.79 万人。引进企业或已建扶贫车间 284 个，搬迁对象实现就业 1.56 万人。配套建设商铺 3.19 万间、摊位 0.85 万个，实现搬迁对象就业 0.95 万人。正在筹划配套产业项目 263 个，总投资 36.53 亿元，涉及农林牧渔、农业服务、纺织服饰、电子设备制造、工艺品制造业等 21 个种类，预计受益搬迁群众 11.3 万户 47.16 万人。全省为易地扶贫搬迁群众就业开发公益性岗位 1.27 万个，已实现就业 1.08 万人。截至 2019 年 5 月，2016 年和 2017 年的项目已搬迁家庭共有劳动力 61.53 万人，已实现就业 54.75 万人，就业率 88.98%，已搬迁户中 98% 以上有劳动力的家庭实现了 1 户 1 人以上就业。

三是持续推进文化服务体系。通过多种方式深入推进感恩教育、文明创建、公共文化、民族传承等进社区活动；通过新时代文明实践中心、讲习所、道德讲堂、移民夜校等载体，进行思想引领提高搬迁移民的思想素质意识，让他们心落搬迁地，对搬迁社区有归属感和身份认同感；培育感恩奋进、积极向上、自强自立的社会心态和精神风貌，激发搬迁群众脱贫致富的强大动力。截至目前，各地已开展感恩教育 4492 场次、普法教育 3565 场次。成立组建演出队、民间社团表演队、健身团队、电影放映队等各类演出团队 1416 个，组织社区演出 1272 场次。

四是强化社区治理体系建设。结合区域实际和根据安置点的人口规模大小，依法依规合理设置街道办或社区、居委会等基层管理服务单元，建立健全社区居民自治机制、治安防控机制，强化社会事务、治安管理等职能，健全工青妇等群团组织，把大数据融入社区管理，加强社会风险防范和矛盾纠纷排查化解，建设秩序良好的和谐社区。截至目前，全省 946 个安置点已建立管理单元 852 个，其中拟设立街道办事处 51 个，已成立街道办事处 8 个、社区（居委会）506 个、村（居）民小组 291 个。已建立综治中心 551 个、调解室 582 个、微型消防站 342 个、防灾避灾场所 478 个，配备"天网工程"450 个、"雪亮工程"446 个。

五是建好基层党建体系。在设置街道办事处的安置点同步设置党（工）委，设立社区居委会或村（居）民小组的安置点及时组建党支部或党小组，

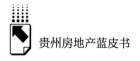

截至目前，已成立党工委 129 个、党支部或党小组 514 个，包含成员 5738人，277 个管理单元从搬迁群众的党员中选举 1235 人参加基层党组织，参与社区管理工作。

## 四　面临的挑战与展望

### （一）以改善居住为先导的贫困治理模式面临的挑战

整体来看，贵州在国家实施大扶贫战略行动中，坚持将农村危房改造和异地扶贫搬迁作为实现贫困群众住房安全保障的重要抓手，取得了重大成效，有效助力脱贫攻坚进程。但是，在城镇化和城乡一体化发展背景下，通过危改和异地扶贫搬迁改善住房为重要举措的贫困治理面临以下新的挑战。

一是危改户与易地搬迁户自身发展能力后劲不足，后续生计发展缺乏可持续性。表现在自身文化水平普遍低下导致的后续生计与脱贫增收项目脱节，掌握的专业技能较为缺乏导致就业的原动力不足，很难实现搬迁后生计的可持续性。同时，搬迁后，传统产业扶贫的动力明显降低和减弱，移民的谋生方式需要从以农业为主向非农业转化，对如何适应通过新的产业来推进脱贫提出了更高要求，这对移民来说是巨大的挑战。

二是扶贫产业支撑能力不足将带来系列社会问题。贵州是全国区域贫困程度最高的省份，进行危改和易地扶贫搬迁的村寨更多是深度贫困的地区，农村经济发展受生态和环境因素的制约，农民生计因此受到影响。危改户所在村寨产业的生产能力较弱，而移民安置区大多产业处于刚刚起步阶段，产业基础薄弱，支撑能力不足。而产业脱贫是脱贫攻坚的重要举措，关系到移民的后续生计问题，没有产业的移民搬迁将影响"搬得出、能致富、稳得住"目标的实现。随着移民搬迁工作的推进，农村转移劳动力可能因各种原因沦为城市新的贫困人口，脱贫难度更大，脱贫任务更加艰巨，处理不好，将带来更严峻的社会问题。

三是需要加大对搬迁移民后续发展的资金扶持力度。在危改和搬迁过程中，政府对贫困户实施危改和将移民搬离原有家园首先是解决移民的房屋问题，从而可供移民自主使用的资金较少，而金融贷款扶持力度弱，移民获得资金的渠道少且贷款困难，移民资金原始积累较少，难以支持后续生计，必将影响移民搬迁后生计的可持续发展。因此，需要加大后续资金扶持力度，确保"稳得住、能致富"。当然，由于搬迁群众原有的基础相对较弱，综合素质相对较低，搬迁进城后的意识还不能及时转变，要让其真正融入搬迁地的生活还需要一个较长的过程。

四是相关权益难以保障。对于部分搬迁移民，搬迁进城后，其土地荒芜、空闲房屋倒塌，在农村的资产资源效益没有得到进一步的发挥。由于土地流转制度不够完善、土地补偿机制不够健全、搬迁移民住房产权权属不够明确等，这就需要不断探索新的土地流转和承包政策以及住房保障政策来合理保障移民的资产及权益，使搬迁移民的生计资本得到更好的优化。

五是需要进一步强化社会保障兜底作用，完善社会保障助推脱贫攻坚政策。目前扶贫政策重视收入增长而对社会保障的重视不足，相关社会保障政策衔接机制不畅，没有很好地形成保障合力，社会保障制度设计碎片化、保障水平低、覆盖范围有限，影响了有关政策的落实，削弱了社会保障的脱贫功能，医疗、教育等公共服务的城乡、区域差距仍十分明显，不利于从源头消除因病致贫、因病返贫等现象。因此，要坚持开发式扶贫和保障性扶贫并重。当然，不能依赖社会保障"一兜了之"，要防止陷入福利陷阱，要因地制宜地依靠发展产业来增强贫困移民的内生动力。

## （二）以农村危改和易地扶贫搬迁为主的改善住房扶贫模式展望

实施农村危房改造和易地扶贫搬迁是"十三五"期间国家扶贫攻坚的重要内容之一。在城乡一体化和新型城镇化建设进程中，农村发展越来越趋于多元化和复杂性。因此，农村危房改造和易地扶贫搬迁不仅要解决农民所面临的住房问题，还要同时综合考虑农村的经济、社会、文化和生态等诸多因素。搬迁只是手段，脱贫才是根本目的。危改工作和易地扶贫搬迁工作只有融入可持续发展的整体建设中，才是最为有效的途径。

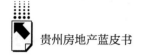

第一，从近期来看，以农村危改和异地扶贫搬迁的改善住房扶贫措施仅仅解决"两不愁、三保障"中的"住房安全保障"目标。贫困户从深山区搬迁出来，只是脱贫的第一步，并非意味着脱贫，异地搬迁移民生计的可持续问题才是住房改善后实现真正脱贫的关键。移民搬迁后如何解决贫困户在新的环境下的生产资料的延续，才是后续工作的重要考量，搬迁移民是否具有可持续利用的资源、谋生的技能和生活能力等，是搬迁移民能否具备生产生活的基本条件，事关可持续性脱贫目标实现。因此，在易地搬迁工作中，要把实现搬迁移民生计可持续性放在与搬迁工作作为一个有机的整体、更全面的角度去思考和谋划，充分考虑到搬迁后的生产生活的社会风险问题。一是中央政府要加大中央财政资金转移支付力度，尤其是欠发达、深度贫困地区，上级政策要倾斜并给予产业支持。中央下拨财政扶贫资金时，要充分考虑特困地区贫困因素状况，将移民搬迁后的后续扶贫成本指数纳入贫困因素、提高贫困人口的贫困发生率等作为分配资金的参考指标。二是在有效解决住房安全保障后，易地扶贫搬迁工作重心要转移到解决搬迁群众的后续发展上来。需要强化持续的政策支持，完善相关的搬迁后的政策规章，针对贫困地区的企业、产业发展，出台专门的支持政策，支持和鼓励金融机构着力开发针对贫困地区龙头企业、产业的特惠产品；完善已有的政策机制，通过更实更优的政策因地制宜引导移民选择生计模式，加快对贫困地区尤其是村及村以下区域交通、水利、电力建设以及农村教育、医疗等公共服务设施建设，推动基础设施、社会事业建设更多向基层延伸，打通服务搬迁群众"最后一公里"，在前期工作奠定的基础上，切实抓好易地扶贫搬迁"后半篇文章"，使建设成果惠及贫困群众。同时，地方政府要加大力度改变移民根深蒂固的落后思想，从根本上提高移民的自身素质，加快异地搬迁农民的融入，多举措、多样化提升搬迁移民的生计策略，实现搬迁移民生计的可持续发展。三是切实落实产权保护。"有恒产者有恒心。"可见，完善产权保护制度依法保护产权事关人民的安居乐业，安身立命。搬迁移民拥有恒定的产权是实现其可持续生计的重要保障。农村危房改造和异地扶贫搬迁不但要解决好"居者有其屋"问题，更要解决好"居者有其产"的问题。因此，

要加强农地制度创新和产权制度改革，切实保障危改户和移民搬迁户的产权利益，为移民搬迁后生计的发展开辟新的道路。在继续推进农村各类产权流转的基础上，盘活搬迁移民农村留守资源，多途径创造脱贫致富的路子。当然，在房屋产权所有上，移民搬迁在目前难以落实房屋产权的前提下，可探索考虑将闲置公租房作为易地搬迁安置房，采取租赁使用方式来迎合危房改造户和移民搬迁户多样化的住房需求，从而有效解决城乡大面积住房闲置问题。因为纵观国内外，产权式保障和租赁式保障都属于常用的住房保障模式。

第二，从长远来看，党的十九大报告提出"从2020年到2035年，在全面建成小康社会的基础上，基本实现社会主义现代化"[①] 目标，这为新扶贫政策的制定提供了依据；2018年中央"一号文件"提出"实施乡村振兴战略"，并提出到2035年"乡村振兴取得决定性进展，农业农村现代化基本实现"。[②] 随着国家2020年相对贫困减贫目标的实现，现行相对贫困标准下的绝对贫困有望消除。因此，考虑到2035年实现社会主义现代化的目标和乡村振兴的目标，2020年后，以危房改造和异地扶贫搬迁的住房改善扶贫模式要紧扣社会主义现代化目标，结合新时代贫困新特征以及城乡融合发展、乡村振兴等宏观战略，突出城乡统筹，强化以基本权利公平为基础的社会保障，更加重视缩小人们的收入和生活水平差距，建立城乡统筹的贫困治理体系，以城乡基本公共服务均等化为减贫战略方向，保障城乡贫困人口在享受义务教育、基本医疗、住房安全等公共服务方面的均等化，[③] 充分考虑搬迁移民搬到城镇生活后，其面临的更高的住房及教育成本需求等，有效破解易地搬迁移民市民化、深层次城市化和乡村振兴亟待解决的重点问题。要

---

① 《习近平：决胜全面建成小康社会 夺取新时代中国特色社会主义伟大胜利——在中国共产党第十九次全国代表大会上的报告》，http://www.gov.cn/zhuanti/2017－10/27/content_5234876.htm。

② 《中共中央 国务院关于实施乡村振兴战略的意见》，http://www.moa.gov.cn/ztzl/yhwj2018/zyyhwj/201802/t20180205_6136410.htm。

③ 陈志钢、毕洁颖、吴国宝、何晓军、王子妹一：《中国扶贫现状与演进以及2020年后的扶贫愿景和战略重点》，《中国农村经济》2019年第1期。

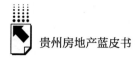

将危改和异地扶贫搬迁与后续工作作为有机整体去统筹，全力做好危改和易地扶贫搬迁后续工作。精准扶贫的关键问题是将国家层面的扶贫资源与地方价值相契合，进而转化为贫困人口自我发展与自我实现的动力。通过地方社会成功嫁接与转化国家扶贫力量，促进搬迁安置区社区的发展。后续工作中，扶贫不仅是让受扶者的生活更加富裕，更重要的是实现民族传统力量的再生。①

---

① 熊开万：《国家力量的嫁接与传统力量的再生——基于云南普洱镇沅县苦聪人异地搬迁扶贫的反思》，《昆明学院学报》2018 年第 2 期。

# B.17
# 贵州省房地产市场十年回顾

武廷方　禹　灿*

摘　要： 2009～2018 年，贵州省房地产市场稳健发展。十年间，房地产开发投资累计 16306.38 亿元，累计新开工面积 38215.82 万平方米，累计竣工面积 17435.61 万平方米；商品房总销售面积 31172.89 万平方米，其中住宅销售面积 26877.21 万平方米。贵州省房地产市场前期以贵阳市为主导，贵阳市在房地产各项指数中占比较高，后期区域发展逐渐趋于均衡。

关键词： 贵州省　房地产市场　十年回顾

## 一　房地产市场运行情况

### （一）房地产开发投资情况

2009～2018 年十年间贵州省房地产开发投资累计 16306.38 亿元。其中，2009 年房地产开发投资 369.69 亿元，2010 年房地产开发投资 556.69 亿元，同比增长 50.58%；2011 年房地产开发投资 878.67 亿元，同比增长 57.83%；2012 年房地产开发投资 1467.6 亿元，同比增长 67.03%；2013 年房地产开发投资 1942.54 亿元，同比增长 32.36%；2014 年房地产开发投资 2187.67 亿元，同比增长 12.62%；2015 年房地

---

* 武廷方，贵州省房地产研究院院长、教授；禹灿，贵州省房地产研究院助理研究员。

产开发投资 2205.09 亿元，同比增长 0.80%；2016 年房地产开发投资 2148.96 亿元，同比下降 2.58%；2017 年房地产开发投资 2201 亿元，同比增长 2.42%；2018 年房地产开发投资 2348.47 亿元，同比增长 6.70%（见图1）。

2009～2014 年，贵州省房地产开发投资力度逐年加大，2014 年后投资力度趋于稳健，增速放缓。

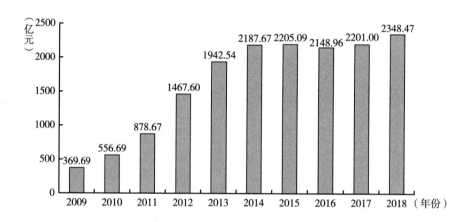

图1　2009～2018 年贵州省房地产开发投资额

资料来源：国家统计局、贵州省房地产研究院。

## （二）商品房开发建设情况

### 1. 房地产新开工面积

2009～2018 年，全省房地产累计新开工面积 38215.82 万平方米。其中 2009 年新开工面积 1725.82 万平方米，2010 年新开工面积 2871.15 万平方米，同比增长 66.36%；2011 年新开工面积 2912.81 万平方米，同比增长 1.45%；2012 年新开工面积 3787.67 万平方米，同比增长 30.03%；2013 年新开工面积 5628.24 万平方米，同比增长 48.59%；2014 年新开工面积 4616.49 万平方米，同比下降 17.98%；2015 年新开工面积 4206.12 万平方米，同比下降 8.89%；2016 年新开工面积 3467.55 万平方米，同比下降 17.56%；2017 年新开工面积 3310.77 万平方米，同比下降 4.52%；2018 年新开工面积 5689.2 万平方米，同比增长 71.84%（见图 2）。

2013 年前全省房地产新开工面积平稳增长，2013 年后开始回落，经过 4 年的下降，2018 年新开工面积迅速回升，同比增长 71.84%，到达十年最高值 5689.2 万平方米。

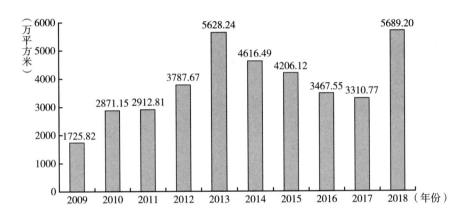

图 2  2009~2018 年贵州省房地产新开工面积

资料来源：国家统计局、贵州省房地产研究院。

2. 房地产竣工面积

2009~2018 年，全省房地产累计竣工面积 17435.61 万平方米。其中，2009 年竣工面积 1277.82 万平方米，2010 年竣工面积 1349.53 万平方米，同比增长 5.61%；2011 年竣工面积 1454.22 万平方米，同比增长 7.76%；2012 年竣工面积 1811.47 万平方米，同比增长 24.74%；2013 年竣工面积 1764.78 万平方米，同比下降 2.65%；2014 年竣工面积 2842.32 万平方米，同比增长 61.06%；2015 年竣工面积 2582.68 万平方米，同比下降 9.13%；2016 年竣工面积 1901.45 万平方米，同比下降 26.38%；2017 年竣工面积 1171.7 万平方米，同比下降 38.38%；2018 年竣工面积 1279.64 万平方米，同比增长 9.21%（见图 3）。

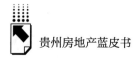

2009～2018 年，全省房地产竣工面积呈波动态势，2014 年达到最高值
2842.32 万平方米，2017 年为最低值 1171.7 万平方米。

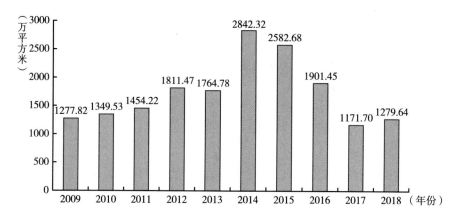

图 3　2009～2018 年贵州省房地产竣工面积

资料来源：国家统计局、贵州省房地产研究院。

### （三）商品房销售情况

1. 商品房销售面积

2009～2018 年，全省商品房总销售面积 31172.89 万平方米，其中住宅销
售面积 26877.21 万平方米。2009 年商品房销售面积 1619.25 万平方米，其中
住宅 1509.10 万平方米；2010 年商品房销售面积 1730.69 万平方米，同比增长
6.88%，其中住宅销售面积 1596.3 万平方米，同比增长 5.78%；2011 年商品
房销售面积 1889.95 万平方米，同比增长 9.20%，其中住宅销售面积 1705.92
万平方米，同比增长 6.87%；2012 年商品房销售面积 2186.95 万平方米，同
比增长 15.71%，其中住宅销售面积 2002.4 万平方米，同比增长 17.38%；
2013 年商品房销售面积 2972.33 万平方米，同比增长 35.91%，其中住宅销售
面积 2646.98 万平方米，同比增长 32.19%；2014 年商品房销售面积 3178.12
万平方米，同比增长 6.92%，其中住宅销售面积 2707.09 万平方米，同比增长
2.27%；2015 年商品房销售面积 3559.81 万平方米，同比增长 12.01%，其中
住宅销售面积 2943.37 万平方米，同比增长 8.73%；2016 年商品房销售面积

4156.93 万平方米，同比增长 16.77%，其中住宅销售面积 3426.96 万平方米，同比增长 16.42%；2017 年商品房销售面积 4696.9 万平方米，同比增长 12.99%，其中住宅销售面积 3897.65 万平方米，同比增长 13.73%；2018 年商品房销售面积 5181.96 万平方米，同比增长 10.33%，其中住宅销售面积 4441.44 万平方米，同比增长 13.95%（见图 4）。

全省商品房销售面积稳步增长，没有较大的波动，2014 年前每年保持小幅增长，2014 年后增长幅度加大。

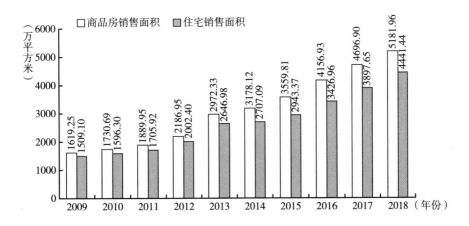

图 4 2009～2018 年贵州省商品房销售面积

资料来源：国家统计局、贵州省房地产研究院。

2. 商品房销售额

2009～2018 年，贵州省商品房销售金额累计 13854.53 亿元，其中住宅销售额 10455.2 亿元。2009 年商品房销售额 467.81 亿元，其中住宅销售额 400.52 亿元；2010 年商品房销售额 581.01 亿元，同比增长 24.20%，其中住宅销售额 501.63 亿元，同比增长 25.24%；2011 年商品房销售额 734.7 亿元，同比增长 26.45%，其中住宅销售额 593.27 亿元，同比增长 18.27%；2012 年商品房销售额 900.08 亿元，同比增长 22.51%，其中住宅销售额 799.96 亿元，同比增长 34.84%；2013 年商品房销售额 1276.69 亿元，同比增长 41.84%，其中住宅销售额 988.77 亿元，同比增长 32.19%；

2014 年商品房销售额 1370.31 亿元，同比增长 7.33%，其中住宅销售额
1000.01 亿元，同比增长 1.14%；2015 年商品房销售额 1571.68 亿元，同比
增长 14.69%，其中住宅销售额 1000.14 亿元，同比增长 0.13%；2016 年商
品房销售额 1790.53 亿元，同比增长 13.92%，其中住宅销售额 1269.43 亿
元，同比增长 26.93%；2017 年商品房销售额 2240.77 亿元，同比增长
25.15%，其中住宅销售额 1623.37 亿元，同比增长 27.88%；2018 年商品
房销售额 2920.95 亿元，同比增长 30.35%，其中住宅销售额 2278.1 亿元，
同比增长 40.33%（见图5）。

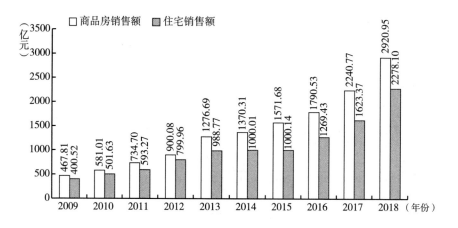

**图5 2009~2018 年贵州省商品房销售金额**

资料来源：国家统计局、贵州省房地产研究院。

2009~2018 年，全省商品房销售金额呈上升态势，2009~2012 年，住
宅销售额与商品房销售额增速基本同步，2013~2017 年住宅销售额增速放
缓，2018 年住宅销售额增速加快，达到最高值 40.33%。

3. 商品房销售均价

2009~2018 年，全省商品房均价整体稳步增长，2009 年商品房销售
均价为 2889 元/平方米，其中住宅销售均价为 2654 元/平方米；2018 年
商品房销售均价为 5637 元/平方米，其中住宅销售均价为 5129 元/平方
米。2016 年，商品房销售均价出现小幅回落，同比下降 2.45%，2013~

2015年，住宅销售均价分别同比下降6.51%、1.10%、8.01%，2016年，住宅销售均价虽同比增长9.01%，但仍低于2012年的3995元/平方米（见图6）。

**图6　2009～2018年贵州省房屋销售单价**

资料来源：国家统计局、贵州省房地产研究院。

## 二　市场分析

### （一）房地产市场前期以贵阳市为主导，后期区域发展逐渐趋于均衡

贵阳市是贵州省的省会城市，总面积8034平方公里，常住人口480.2万人，外来人口150万～180万人，2018年城镇常住居民人均可支配收入35115元。贵阳市作为贵州省的政治经济中心，房地产市场发展长期领先于其他地州市，房地产开发投资占本市GDP的40.1%，对房地产依赖度高（见表1）。

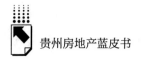

表1　房地产开发投资占 GDP 比重城市排名

单位：%

| 城市 | 占比 | 城市 | 占比 | 城市 | 占比 | 城市 | 占比 | 城市 | 占比 |
|------|------|------|------|------|------|------|------|------|------|
| 贵阳 | 40.1 | 宁波 | 18.6 | 南昌 | 11.8 | 广州 | 9.0 | 洛阳 | 5.7 |
| 三亚 | 34.9 | 南京 | 18.2 | 天津 | 11.3 | 大连 | 8.9 | 银川 | 5.1 |
| 蚌埠 | 32.9 | 西安 | 17.9 | 上海 | 11.3 | 北京 | 8.9 | 岳阳 | 4.6 |
| 福州 | 27.0 | 重庆 | 17.2 | 长沙 | 10.9 | 北海 | 7.9 | 锦州 | 3.1 |
| 惠州 | 22.9 | 武汉 | 16.7 | 太原 | 10.8 | 丹东 | 7.8 | 遵义 | 1.9 |
| 泸州 | 19.7 | 湛江 | 16.5 | 安庆 | 10.6 | 青岛 | 7.4 | | |
| 合肥 | 19.3 | 沈阳 | 15.9 | 泉州 | 9.8 | 深圳 | 6.5 | | |
| 厦门 | 18.7 | 成都 | 13.4 | 无锡 | 9.1 | 常德 | 6.3 | | |

资料来源：国家统计局、贵州省房地产研究院。

2014 年前，贵阳市房地产开发投资额占全省投资额比例均超过 50%，其中 2012 年达到 61.91%；2014 年起，贵阳市投资占比逐年下降，其他市（州）房地产开发投资加大（见图 7）。

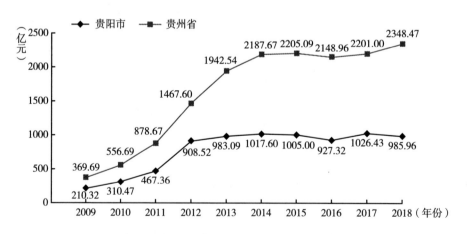

图7　2009~2018 年贵州省与贵阳市房地产开发投资额对比

资料来源：国家统计局、贵州省房地产研究院。

房屋竣工面积方面，2016 年前，贵阳市房屋竣工面积占全省比例较高，其中 3 年超过 50%，3 年超过 40%，2018 年比例下降到 16.90%（见图 8）。

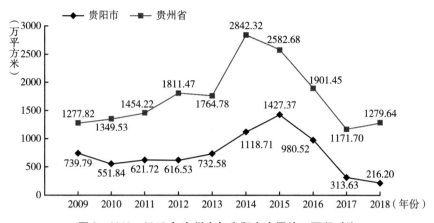

**图8  2009～2018年贵州省与贵阳市房屋竣工面积对比**

资料来源：国家统计局、贵州省房地产研究院。

商品房销售面积方面，贵阳市占比逐年下降，从2008年的50.54%下降到2018年的21.59%（见图9），2013年起贵阳市商品房销售面积开始回落，全省商品房销售面积大幅增长，地州市房地产迅猛发展。

**图9  2009～2018年贵州省与贵阳市商品房销售面积对比**

资料来源：国家统计局、贵州省房地产研究院。

商品房销售均价方面，2018年前贵阳市商品房均价整体略高于全省，2018年贵阳市由于前期形成的价格洼地现象价格出现较大涨幅，均价与全省均价拉开距离（见图10）。

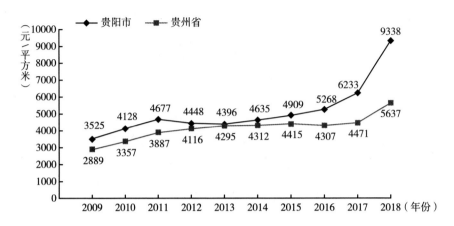

**图10 2009~2018年贵州省与贵阳市商品房均价对比**

资料来源：国家统计局、贵州省房地产研究院。

## （二）房地产市场稳健发展

2009~2018年，贵州省房地产市场整体发展稳健，未出现大起大落现象。前期地州市房地产市场发展缓慢，贵阳市成为全省主导，随着经济的发展，地州市在2013年之后开始着力发展房地产，全省房地产投入、建设、销售等数据地州市占比加重，与此同时贵阳市由于前期的高速发展以及相关政策的出台，发展速度放缓，各市州差距逐渐拉小，房地产市场逐渐趋于平稳。

# B.18
# 贵州流动人口住房情况分析报告

夏 刚 李华玲 梁川江*

**摘 要：** 住房是影响人口流动的重要因素。本报告利用国家卫生健康委的"中国流动人口动态监测调查数据（CMDS）"，分析贵州省流动人口住房情况。结果表明，流动人口的住房性质主要是租住商品房，其次是购房；2011~2017年，购房占比从9.6%增加到27.5%，租住商品房占比从76.7%下降到60.1%。回归分析结果表明：性别、流动范围、月工资收入、月住房支出、年龄等变量对购房决策有显著影响；性别、流动范围、文化程度、月住房支出等变量对租住商品房决策有显著影响，最后提出相应建议。

**关键词：** 流动人口 贵州 买房 租房

## 一 引言

近几年，随着国家西部大开发战略的实施，贵州省不断加速发展、加快转型，贵州对流动人口的吸附力不断增强。伴随着流动人口大规模进入城市，住房问题不断凸显。住房是流动人口在城市发展的重要生活资料和物质

---

\* 夏刚，博士，硕士研究生导师，贵州财经大学房地产研究院副院长，研究方向为房地产经济管理；李华玲，贵州财经大学2017级技术经济及管理专业研究生；梁川江，贵州财经大学基建处高级工程师，研究方向为工程项目管理。

保障，是其城市生活质量和社会融入的重要决定因素。2015 年 12 月中央经济工作会议明确提出要以满足新市民住房需求为主要出发点，建立购租并举的住房制度。2017 年 7 月，住建部等九部门联合印发《关于在人口净流入的大中城市加快发展住房租赁市场的通知》，通知指出将在人口净流入的大中城市采取多种措施加快推进租赁住房建设，培育和发展住房租赁市场。2019 年 4 月 15 日，中共中央、国务院颁布《关于建立健全城乡融合发展体制机制和政策体系的意见》，城乡融合发展必将有更多的流动人口产生。住房是影响人口流动的重要因素，无论是自有住房还是租房，解决流动人口住房问题，首先需要了解流动人口的住房状况，其次是哪些因素影响流动人口住房选择，本报告旨在回答上述两个问题。

本报告利用国家卫生健康委"中国流动人口动态监测调查数据（CMDS）"中贵州省 2011 年、2015 年和 2017 年流动人口动态监测调查数据，调查对象为在流入地居住一个月及以上、非本区（县、市）户口的 15~60 岁的流动人口。

## 二　调查问卷分析

### （一）单指标分析

本部分分析贵州省流动人口的性别、年龄、文化程度、户籍性质、流动范围、就业身份、就业行业、住房性质、月工资收入、月住房支出、定居原因等。

#### 1. 性别、年龄、文化程度、户籍性质

从性别看，流动人口中男性数量占比超过一半，但 2017 女性的占比大于 2011 年、2015 年，达到 47.4%，说明更多女性选择外出。在年龄构成中，2011 年的流动人群主要是 60 后、70 后、80 后，到了 2015 年和 2017 年，90 后流动人口大幅增加。相较于 2011 年，2015 年和 2017 年 80 后的群体占比也在逐渐增加，成为流动人口的主力群体。与此形成对比的是 70 后

和60后的占比，在2011年70后和60后的占比分别达到36.5%、21.3%，到2015年和2017年占比已经明显下降，到2017年分别降至25.9%、12.8%。在文化程度方面，初中占比最大，但占比逐渐下降；高中及以上占比逐渐增加，大专及以上的占比增加明显，"十二五"期间（2011～2015年），占比增加近2倍，2017年比2011年增加近10个百分点。户籍性质中，农业人口占绝大多数，3个年度均超过80%，但占比逐渐减少，2011年为88%，2015年为84%，2017年为81.1%（见表1）。

**表1 样本基本信息比较**

| 项目 | 2011年(N=4000) | | 2015年(N=4000) | | 2017年(N=5000) | |
|---|---|---|---|---|---|---|
| | 频数 | 占比(%) | 频数 | 占比(%) | 频数 | 占比(%) |
| 性别 | | | | | | |
| 男 | 2253 | 56.3 | 2261 | 56.5 | 2629 | 52.6 |
| 女 | 1747 | 43.7 | 1739 | 43.5 | 2371 | 47.4 |
| 年龄 | | | | | | |
| 90后 | 363 | 9.1 | 830 | 20.7 | 1213 | 24.2 |
| 80后 | 1168 | 29.2 | 1242 | 31.1 | 1584 | 31.7 |
| 70后 | 1460 | 36.5 | 1098 | 27.5 | 1295 | 25.9 |
| 60后 | 850 | 21.3 | 589 | 14.7 | 639 | 12.8 |
| 60前 | 159 | 3.9 | 241 | 6.0 | 269 | 5.4 |
| 文化程度 | | | | | | |
| 未上学 | 88 | 2.2 | 99 | 2.5 | 184 | 3.7 |
| 小学 | 910 | 22.8 | 624 | 15.6 | 961 | 19.2 |
| 初中 | 2214 | 55.4 | 2122 | 53.1 | 2236 | 44.7 |
| 高中、中专 | 632 | 15.8 | 739 | 18.5 | 939 | 18.8 |
| 大专及以上 | 156 | 3.8 | 416 | 10.3 | 680 | 13.6 |
| 户籍性质 | | | | | | |
| 农业 | 3518 | 88.0 | 3359 | 84.0 | 4035 | 81.1 |
| 非农业 | 481 | 12.0 | 623 | 15.6 | 945 | 8.9 |

2. 流动范围

流动人口流动范围包括跨省流动、省内跨市和市内跨县三种类型。由表2可见，跨省流动占比逐年增加，即从省外流入贵州的人口逐年增加，从

2011 年的 31.3%，增加到 2015 年 35.3%，表明"十二五"末期，贵州省流动人口中超过 1/3 的是外省人口。2017 年，跨省流动在三种类型中占比最高。上述变化说明，随着贵州经济快速发展，贵州的吸引力逐步增强。

**表 2　2011 年、2015 年、2017 年贵州省流动人口流动范围**

| 选项 | 2011 年 | | 2015 年 | | 2017 年 | |
|---|---|---|---|---|---|---|
| | 频数 | 占比（%） | 频数 | 占比（%） | 频数 | 占比（%） |
| 跨省流动 | 1253 | 31.3 | 1412 | 35.3 | 1796 | 35.9 |
| 省内跨市 | 1611 | 40.3 | 1581 | 39.5 | 1788 | 35.8 |
| 市内跨县 | 1136 | 28.4 | 1007 | 25.2 | 1416 | 28.3 |
| 总计 | 4000 | 100.0 | 4000 | 100.0 | 5000 | 100.0 |

### 3. 就业身份

在贵州省流动人口样本中，流动人口每种就业身份浮动不大，在流动人口的就业身份中，雇员和自营劳动者占比最多，两者总共占比达到 90% 左右，打工是流动人口主要的工作方式，而雇主这一身份，近几年逐渐下滑，2015 年下降到 7.1%，2017 年下降到 6.4%（见表 3）。

**表 3　2011 年、2015 年、2017 年贵州省流动人口就业身份**

| 就业身份 | 2011 年 | | 2015 年 | | 2017 年 | |
|---|---|---|---|---|---|---|
| | 频数 | 占比（%） | 频数 | 占比（%） | 频数 | 占比（%） |
| 雇员 | 1264 | 41.4 | 1345 | 43.5 | 1677 | 43.4 |
| 雇主 | 247 | 8.1 | 219 | 7.1 | 249 | 6.4 |
| 自营劳动者 | 1488 | 48.8 | 1434 | 46.3 | 1757 | 45.4 |
| 其他 | 52 | 1.7 | 97 | 3.1 | 185 | 4.8 |
| 合计 | 3051 | 100 | 3095 | 100 | 3868 | 100 |

### 4. 就业行业

流动人口的就业行业主要分布在批发零售、建筑、社会服务和住宿餐饮等重要行业。从流动人口的流动分布来看，从事第一产业和第二产业的群体占比较少，而且 2011~2017 年呈现下降趋势，第二产业中占比最大的是建筑，其次是制造。建筑行业的流动人口人数占比从 2011 年的 16% 下降至 2017 年的 11.7%。从表 4 可知，批发零售、住宿、社会服务行业占比较高，成为流动人口就业的主要行业；2015 年、2017 年科研和技术服务行业的流动人口逐渐增加，说明贵州省近几年吸引高水平、高技术人群的能力有所增强。可以看出，第三产业越来越成为吸纳流动人口就业的重要渠道。

**表 4　2011 年、2015 年、2017 年贵州省流动人口从事行业比例**

| 产业 | 职业/行业 | 2011 年 | | 2015 年 | | 2017 年 | |
|------|-----------|------|--------|------|--------|------|--------|
| | | 频数 | 占比（%） | 频数 | 占比（%） | 频数 | 占比（%） |
| 第一产业 | 农林牧渔 | 30 | 1.0 | 32 | 1.0 | 48 | 1.2 |
| 第二产业 | 采掘 | 51 | 1.7 | 37 | 1.2 | 77 | 2.0 |
| | 制造 | 207 | 6.8 | 121 | 3.9 | 150 | 3.9 |
| | 建筑 | 489 | 16.0 | 416 | 13.3 | 453 | 11.7 |
| 第三产业 | 电煤水生产供应 | 32 | 1.0 | 13 | 0.4 | 23 | 0.6 |
| | 批发零售 | 989 | 32.4 | 1086 | 35.1 | 1393 | 36.1 |
| | 住宿餐饮 | 349 | 11.4 | 372 | 12.0 | 455 | 11.7 |
| | 社会服务 | 452 | 14.8 | 592 | 19.1 | 474 | 12.3 |
| | 金融/保险/房地产 | 40 | 1.3 | 58 | 2.0 | 188 | 4.9 |
| | 交通运输/仓储通信 | 158 | 5.2 | 124 | 4.0 | 103 | 2.7 |
| | 教育/卫生/文体 | 97 | 3.2 | 113 | 3.7 | 203 | 5.2 |
| | 科研和技术服务 | 31 | 1.0 | 60 | 2.0 | 168 | 4.3 |
| 其他 | | 126 | 4.2 | 71 | 2.3 | 133 | 3.4 |
| 合计 | | 3051 | 100.0 | 3095 | 100.0 | 3868 | 100.0 |

5. 住房性质

2015 年调查问卷无"住房性质"。2011 年、2017 年，贵州省流动人口住房性质以租住私房为主，其次是自购房/自建房，两项合计超过 86%（见表 5）。2017 年租住私房的比例较 2011 年有一定幅度的下降，从 76.7% 下降到 60.1%；自购房/自建房占比大幅增加，从 2011 年的 9.6% 增加到 2017 年的 27.5%。单位提供住房有两种形式，一是收费住房，二是免费住房，2017 年，两项合计不到 9%。居住在就业场所的不到 3%。极少部分获得政府提供的保障房，尽管如此，占比大幅增加，从 2011 年的 0.2% 增加到

2017 年的 0.7%。需要注意的是，尽管占比很低，少量流动人口居住在其他非正规居所。

表 5　2011 年、2017 年贵州省流动人口住房性质占比

单位：%

| 住房性质 | 2011 年 | 2017 年 |
|---|---|---|
| | 占比 | 占比 |
| 租住私房 | 76.7 | 60.1 |
| 自购房/自建房 | 9.6 | 27.5 |
| 租住单位/雇主房 | 5.3 | 4.4 |
| 单位/雇主提供免费住房 | 3.6 | 3.2 |
| 就业场所 | 2.5 | 2.3 |
| 借住房 | 1.8 | 1.4 |
| 政府提供廉租房 | 0.2 | 0.7 |
| 其他 | 0.5 | 0.4 |

6. 月工资收入

2011 年流动人口月工资收入集中在 1000 ~ 2000 元、2000 ~ 3000 元区间，两项占比分别为 24.4%、29.5%，但是随着经济的快速发展，流动人口的工资收入逐步增长，2015 年流动人口的工资收入集中在 3000 ~ 4000 元、4000 ~ 5000 元、5000 ~ 7000 元，占比分别为 20.2%、19.0%、18.7%，到了 2017 年，工资收入又有明显提高，主要集中在 4000 ~ 5000 元、5000 ~ 7000 元、7000 ~ 10000 元，占比为 17.6%、20.8%、18.7%（见表 6）。月工资收入的加权平均值，2011 年为 3233 元[①]、2015 年为 5120 元、2017 年为 5452 元。2011 ~ 2015 年，（名义）月工资收入增加 58.4%，（名义）年均增长 12.2%。

---

① 2011 年月工资收入的加权平均值 = 1000 × 4.2% + 1500 × 24.4% + 2500 × 29.5% + 3500 × 18.5% + 4500 × 10.9% + 6000 × 6.3% + 8500 × 3.9% + 10000 × 2.4%。同理可计算 2015 年、2017 年月工资收入的加权平均值。最高收入（10000 元以上）占比越大，计算的加权平均值低于实际加权平均值；故而，2017 年计算的加权平均值低于实际加权平均值的程度要大于 2015 年、2011 年。

表 6　2011 年、2015 年、2017 年贵州省流动人口月工资收入

| 选项 | 2011 年 | | 2015 年 | | 2017 年 | |
| --- | --- | --- | --- | --- | --- | --- |
| | 频数 | 占比（%） | 频数 | 占比（%） | 频数 | 占比（%） |
| 1000 元以下 | 167 | 4.2 | 12 | 0.3 | 77 | 1.5 |
| 1000~2000 元 | 975 | 24.4 | 187 | 4.7 | 255 | 5.1 |
| 2000~3000 元 | 1181 | 29.5 | 618 | 15.5 | 604 | 12.1 |
| 3000~4000 元 | 738 | 18.5 | 808 | 20.2 | 757 | 15.1 |
| 4000~5000 元 | 435 | 10.9 | 759 | 19.0 | 879 | 17.6 |
| 5000~7000 元 | 253 | 6.3 | 747 | 18.7 | 1042 | 20.8 |
| 7000~10000 元 | 157 | 3.9 | 593 | 14.8 | 934 | 18.7 |
| 10000 元以上 | 94 | 2.4 | 276 | 6.9 | 452 | 9.0 |
| 总计 | 4000 | 100.0 | 4000 | 100.0 | 5000 | 100.0 |

7. 月住房支出

贵州省流动人口月住房支出在 200 元以下占比最多，200~400 元占比次之，虽然 2017 年、2015 年的月住房支出较 2011 年的 200 元以下的比例有所下降，但是对比月收入表，月收入增加的幅度大于月支出的幅度（见表 7）。月住房支出的加权平均值，2011 年为 461 元[①]、2015 年为 627 元、2017 年为 649 元；占月工资收入的比重：2011 年为 14.3%、2015 年为 12.2%、2017 年为 11.9%。住房支出占比逐渐下降，表明贵州流动人口的住房支付能力逐渐增加。同时，贵州流动人口的住房支出远远高于贵州城镇常住居民的居住消费支出，2015 年、2017 年贵州城镇常住居民的居住消费支出分别为 2993.81 元、3559.75 元[②]，即月度居住支出为 249.5 元、296.6 元，远远低于同期流动人口的 627 元、649 元。

表 7　2011 年、2015 年、2017 年贵州省流动人口月住房支出

| 选项 | 2011 年 | | 2015 年 | | 2017 年 | |
| --- | --- | --- | --- | --- | --- | --- |
| | 频数 | 占比（%） | 频数 | 占比（%） | 频数 | 占比（%） |
| 200 元以下 | 1351 | 41.1 | 1099 | 27.5 | 1626 | 32.5 |
| 200~400 元 | 892 | 27.2 | 935 | 23.4 | 957 | 19.1 |
| 400~600 元 | 393 | 12.0 | 646 | 16.2 | 767 | 15.3 |

①　计算方法同月工资收入加权平均值。
②　数据来源于 2015 年、2017 年贵州省国民经济和社会发展统计公报。

| 选项 | 2011 年 | | 2015 年 | | 2017 年 | |
|---|---|---|---|---|---|---|
| | 频数 | 占比（%） | 频数 | 占比（%） | 频数 | 占比（%） |
| 600～800 元 | 177 | 5.4 | 336 | 8.4 | 296 | 5.9 |
| 800～1000 元 | 149 | 4.5 | 237 | 5.9 | 294 | 5.9 |
| 1000～1500 元 | 141 | 4.3 | 272 | 6.8 | 361 | 7.2 |
| 1500～2000 元 | 67 | 2.0 | 219 | 5.5 | 275 | 5.5 |
| 2000 元以上 | 115 | 3.5 | 256 | 6.4 | 424 | 8.5 |
| 总计 | 3285 | 100.0 | 4000 | 100.0 | 5000 | 100.0 |

8. 定居原因

2011 年、2015 年的调查问卷无"定居原因"。2017 年贵州省流动人口打算留在本地的主要原因，占比最高的是"子女有更好的教育机会"，为22.3%；其次是"个人发展空间大"，为20.0%。"政府管理规范""医疗技术好"对流动人口影响甚微。

总之，城市硬环境（教育、交通、生活便利）是吸引流动人口在本地定居的关键因素；同时，城市软环境（个人发展空间、积累工作经验）也至关重要；个人特质（生活习惯、婚姻、社会关系）也是重要因素（见表8）。

表8　2017 年打算留在本地的主要原因

| 选项 | 2017 年 | |
|---|---|---|
| | 频数 | 占比（%） |
| 子女有更好的教育机会 | 876 | 22.3 |
| 个人发展空间大 | 785 | 20.0 |
| 家人习惯本地生活 | 523 | 13.3 |
| 城市交通发达、生活方便 | 439 | 11.2 |
| 积累工作经验 | 365 | 9.3 |
| 收入水平高 | 259 | 6.6 |
| 与本地人结婚 | 134 | 3.4 |
| 社会关系网都在本地 | 115 | 2.9 |
| 医疗技术好 | 28 | 0.7 |
| 政府管理规范 | 25 | 0.6 |
| 其他 | 375 | 9.6 |
| 合计 | 3924 | 100 |

## （二）交叉分析

本部分交叉分析住房性质与有关变量（月工资收入、就业身份、年龄、户籍性质、流动范围、定居意愿）的关系。

### 1. 住房性质与月工资收入

自购房/自建房者，2011 年，82% 的月工资分布在 1000 ~ 5000 元。2017 年，81.7% 的月工资大于 4000 元，月工资分布 1000 ~ 5000 元占比仅为 33.4%，5000 元以上占比 66.2%。租住私房者，2017 年月工资收入主要分布在 3000 ~ 7000 元。政府提供廉租房者，2011 年的月工资集中在 1000 ~ 2000 元；2017 年集中在 2000 ~ 3000 元。其他非正规居所，2011 年主要是收入较低者；2017 年高收入与低收入者均存在。单位提供住房（租住单位/雇主房、单位/雇主提供免费住房）者，其收入分布较广。借住房者，主要是收入较低人群（见表9）。

**表9 月工资与住房性质交叉联列表**

单位：%

| 住房性质 | 年份 | 1000 元以下 | 1000 ~ 2000 元 | 2000 ~ 3000 元 | 3000 ~ 4000 元 | 4000 ~ 5000 元 | 5000 ~ 7000 元 | 7000 ~ 10000 元 | 10000 元以上 |
|---|---|---|---|---|---|---|---|---|---|
| 租住单位/雇主房 | 2011 | 5.2 | 16.6 | 29.9 | 14.7 | 12.3 | 8.5 | 8.5 | 4.3 |
| | 2017 | 6.0 | 13.8 | 23.8 | 17.1 | 14.1 | 12.1 | 10.4 | 2.7 |
| 租住私房 | 2011 | 3.4 | 24.4 | 30.3 | 19.7 | 10.5 | 6.2 | 3.4 | 2.2 |
| | 2017 | 1.4 | 4.7 | 12.7 | 17.2 | 19.4 | 21.2 | 15.7 | 7.7 |
| 政府提供廉租房 | 2011 | 0.0 | 57.1 | 14.3 | 14.3 | 14.3 | 0 | 0.0 | 0.0 |
| | 2017 | 2.7 | 27.1 | 43.2 | 18.7 | 5.6 | 2.7 | 0.0 | 0.0 |
| 借住房 | 2011 | 20.8 | 29.2 | 22.2 | 11.1 | 2.8 | 8.3 | 5.6 | 0.0 |
| | 2017 | 8.5 | 14.1 | 19.7 | 8.5 | 15.5 | 18.3 | 12.7 | 2.8 |
| 单位/雇主提供免费住房 | 2011 | 12.0 | 46.5 | 23.2 | 9.2 | 2.8 | 3.5 | 0.7 | 2.1 |
| | 2017 | 0.4 | 9.6 | 19.6 | 15.8 | 12.5 | 15 | 17.1 | 10 |
| 自购房/自建房 | 2011 | 2.6 | 18.0 | 29.4 | 17.2 | 17.4 | 7.3 | 5.7 | 2.3 |
| | 2017 | 0.5 | 2.3 | 5.8 | 9.8 | 15.5 | 23.2 | 28.6 | 14.4 |
| 就业场所 | 2011 | 5.1 | 24.5 | 22.4 | 15.3 | 14.3 | 7.1 | 6.1 | 5.1 |
| | 2017 | 3.2 | 5.6 | 10.4 | 14.4 | 16.8 | 19.2 | 20 | 10.4 |
| 其他 | 2011 | 22.2 | 33.3 | 27.8 | 5.6 | 0.0 | 0.0 | 5.6 | 5.6 |
| | 2017 | 0.0 | 17.9 | 17.9 | 0.0 | 21.4 | 21.4 | 21.4 | 0.0 |

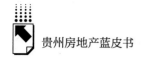
2. 住房性质与就业身份

各种就业身份者均以租住私房为主，但从 2011 年到 2017 年，其占比均下降，降幅最大的是雇主，从 74.1% 下降到 54.9%，下降 19.2 个百分点。从就业身份比较，自营劳动者租住私房占比最高，2017 年为 74.7%，同期雇员、雇主分别为 56.3%、54.9%。雇主的自购房/自建房占比最高，2017 年为 34.0%，同期雇员、自营劳动者分别为 22.2%、17.2%。雇员的单位提供住房（租住单位/雇主房、单位/雇主提供免费住房）占比最高，2017 年为 16.0%，同期雇主、自营劳动者分别为 0.8%、2.2%。雇主的就业场所占比最高，2017 年为 7.8%，同期自营劳动者、雇员分别为 3.8%、2.4%。政府提供廉租房、借住房主要对象的就业身份是"其他"。住房性质"其他"，2011 年占比最高的是自营劳动者，2017 年是雇主（见表 10）。

表 10　住房性质与就业身份交叉联列表

单位：%

| 项目 | 年份 | 租住单位/雇主房 | 租住私房 | 政府提供廉租房 | 借住房 | 单位/雇主提供免费住房 | 自购房/自建房 | 就业场所 | 其他 |
|---|---|---|---|---|---|---|---|---|---|
| 雇员 | 2011 | 6.1 | 70.3 | 0.0 | 2.2 | 9.8 | 9.6 | 1.7 | 0.3 |
| | 2017 | 12.0 | 56.3 | 1.2 | 1.7 | 4.0 | 22.2 | 2.4 | 0.1 |
| 雇主 | 2011 | 0.0 | 74.1 | 0.4 | 0.8 | 0.0 | 15.0 | 9.7 | 0.0 |
| | 2017 | 0.8 | 54.9 | 0.4 | 0.4 | 0.0 | 34.0 | 7.8 | 1.6 |
| 自营劳动者 | 2011 | 7.3 | 79.7 | 0.2 | 1.1 | 0.5 | 7.3 | 3.4 | 7.3 |
| | 2017 | 1.2 | 74.7 | 0.2 | 0.9 | 1.0 | 17.2 | 3.8 | 1.0 |
| 其他 | 2011 | 15.4 | 65.4 | 1.9 | 5.8 | 3.8 | 3.8 | 3.8 | 0.0 |
| | 2017 | 2.9 | 47.7 | 5.7 | 3.4 | 2.6 | 37.6 | 0.0 | 0.0 |

3. 住房性质与年龄

总体说来，各年龄段以租住私房为主，例外的是，2017 年 60 前自购房/自建房为 47.4%，高于租住私房的 42.6%（见表 11）。随着年龄增加，租住私房占比下降，自购房/自建房占比增加，比如 90 后，租住私房占比，

2011 年为 73.6%, 2017 年下降到 67.6%; 自购房/自建房, 2011 年为
7.4%, 2017 年增加到 17.5%。变化最大的是 60 后, 2011～2017 年, 租住
私房占比下降 18 个百分点、自购房/自建房占比增加 16.6 个百分点。同一
时点, 不同年龄段, 年龄越大, 买房的可能性越大, 如 2011 年 90 后自购房
/自建房者占比 7.4%, 60 前占比 13.2%。借住房主要是年轻人 (90 后) 和
老人 (60 前)。单位提供住房 (租住单位/雇主房、单位/雇主提供免费住
房)、就业场所、其他等三种形式在各个年龄段均存在。

**表 11 年龄与住房性质交叉联列表**

单位: %

| 项目 | 年份 | 租住单位/雇主房 | 租住私房 | 政府提供廉租房 | 借住房 | 单位/雇主提供免费住房 | 自购房/自建房 | 就业场所 | 其他 |
|---|---|---|---|---|---|---|---|---|---|
| 90 后 | 2011 | 3.9 | 73.6 | 0.0 | 4.7 | 8.3 | 7.4 | 0.8 | 1.4 |
| | 2017 | 5.6 | 67.6 | 0.9 | 1.9 | 4.0 | 17.5 | 2.0 | 0.5 |
| 80 后 | 2011 | 5.1 | 78.6 | 0.2 | 2.0 | 3.7 | 8.4 | 2.0 | 0.2 |
| | 2017 | 4.8 | 62.5 | 1.1 | 1.5 | 2.8 | 24.0 | 3.0 | 0.3 |
| 70 后 | 2011 | 5.8 | 77.5 | 0.3 | 1.3 | 2.2 | 9.2 | 3.4 | 0.3 |
| | 2017 | 5.1 | 62.1 | 0.5 | 0.8 | 1.3 | 26.2 | 3.1 | 0.7 |
| 60 后 | 2011 | 4.9 | 77.9 | 0.1 | 1.2 | 3.2 | 10.2 | 1.9 | 4.9 |
| | 2017 | 5.7 | 59.9 | 0.8 | 1.2 | 1.5 | 26.8 | 3.0 | 1.0 |
| 60 前 | 2011 | 6.9 | 66.7 | 0.0 | 1.9 | 6.3 | 13.2 | 4.4 | 0.6 |
| | 2017 | 3.0 | 42.6 | 0.0 | 4.3 | 2.0 | 47.4 | 0.0 | 0.9 |

#### 4. 住房性质与户籍性质

农业和非农业户籍, 租住私房占比最高, 且农业户籍占比大于非农业户
籍; 2011～2017 年, 租住私房占比均下降。非农业户籍自购房/自建房占比
大于农业户籍, 且 2011～2017 年均增加。单位提供住房 (租住单位/雇主
房、单位/雇主提供免费住房)、借住房、就业场所, 非农业户籍要多于农
业户籍。租住私房、其他, 农业户籍多于非农业户籍。政府提供廉租房,
2011 年以农业户籍为主, 2017 年以非农业户籍为主 (见表 12)。

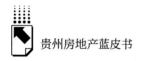

表 12　户籍性质与住房性质交叉联列表

单位：%

| 项目 | 年份 | 租住单位/雇主房 | 租住私房 | 政府提供廉租房 | 借住房 | 单位/雇主提供免费住房 | 自购房/自建房 | 就业场所 | 其他 |
|---|---|---|---|---|---|---|---|---|---|
| 农业 | 2011 | 5.0 | 78.2 | 0.2 | 1.7 | 3.3 | 8.7 | 2.4 | 0.5 |
| | 2017 | 5.0 | 67.4 | 0.6 | 1.4 | 2.8 | 22.2 | 2.0 | 1.5 |
| 非农业 | 2011 | 7.1 | 65.9 | 0.0 | 2.7 | 5.2 | 16.2 | 2.7 | 0.2 |
| | 2017 | 5.7 | 54.9 | 2.1 | 2.5 | 0.4 | 43.9 | 2.3 | 0.6 |

5. 住房性质与流动范围

三类流动范围群体均以租住私房为主，占比从 2011 年到 2017 年均下降，降幅最大的是市内跨县，从 81.0% 降到 55.6%，下降 25.4 个百分点。自购房/自建房占比从 2011 年到 2017 年均增加，增加幅度最大的是市内跨县，从 9.7% 增加到 36.8%，增加 27.1 个百分点。这说明贵州城镇住房市场是区域性市场，购房对象以本市人口为主；当然，跨省流动购房者也明显增加。

跨省流动、省内跨市人群居住单位提供住房（租住单位/雇主房、单位/雇主提供免费住房）的比重高于市内跨县。2011～2017 年，更多市内跨县流动人口得到政府提供廉租房。省内跨市群体借住房占比更高。居住在就业场所、其他，三类流动范围群体占比差异不大（见表 13）。

表 13　流动范围与住房性质交叉联列表

单位：%

| 项目 | 年份 | 租住单位/雇主房 | 租住私房 | 政府提供廉租房 | 借住房 | 单位/雇主提供免费住房 | 自购房/自建房 | 就业场所 | 其他 |
|---|---|---|---|---|---|---|---|---|---|
| 跨省流动 | 2011 | 7.6 | 75.7 | 0.3 | 0.9 | 3.5 | 7.1 | 4.7 | 0.2 |
| | 2017 | 5.8 | 66.3 | 0.6 | 0.7 | 4.0 | 21.2 | 2.4 | 0.6 |
| 省内跨市 | 2011 | 4.7 | 74.4 | 0.2 | 2.9 | 4.2 | 11.5 | 1.4 | 0.7 |
| | 2017 | 6.2 | 67.9 | 0.9 | 2.3 | 1.2 | 21.9 | 7.8 | 0.4 |
| 市内跨县 | 2011 | 3.6 | 81.0 | 0.0 | 1.3 | 2.6 | 9.7 | 1.4 | 0.4 |
| | 2017 | 2.8 | 55.6 | 1.0 | 1.6 | 1.1 | 36.8 | 3.8 | 0.3 |

### 6. 住房性质与定居意愿

通过交叉分析，把"如果您符合本地落户条件，您是否愿意把户口迁入本地"的回答作为流动人口是否愿意在本地定居的条件。"不愿意"占比最大。在住房性质中，只有"政府提供廉租房"群体，"愿意"比例较大；其次是"借住房"；"自购房/自建房"比例为28%。本次调查中，流动人口超过80%是农业户籍，表14说明，户口迁入城镇的意愿不强。上述分析从另外一个视角说明，农业户口的价值在凸显。

**表14  住房性质与定居意愿交叉联列表**

单位：%

| 定居意愿 | 愿意 | 不愿意 | 说不准 |
|---|---|---|---|
| 政府提供廉租房 | 35.1 | 48.6 | 16.2 |
| 借住房 | 31.0 | 35.2 | 33.8 |
| 自购房/自建房 | 28.0 | 36.5 | 35.5 |
| 单位/雇主提供免费住房 | 24.3 | 42.9 | 32.9 |
| 租住私房 | 23.4 | 44.1 | 32.6 |
| 就业场所 | 19.2 | 44.0 | 36.8 |
| 租住单位/雇主房 | 17.5 | 62.1 | 20.4 |
| 其他 | 23.4 | 44.1 | 32.6 |

## （三）回归分析

利用2017年贵州省流动人口动态监测数据，将住房性质作为依赖变量（共八个类别：租住单位/雇主房、租住私房、政府提供廉租房、借住房、单位/雇主提供免费住房、自购房/自建房、就业场所、其他），性别、流动范围、文化程度、月工资收入、月住房支出、年龄六个变量作为独立变量，建立多项分类Logistic模型。

（1）独立变量显著性。似然比检验结果表明，性别、流动范围、文化程度、月工资收入、月住房支出、年龄的六个变量均显著（见表15）。

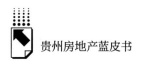

**表 15 住房性质的独立变量显著性似然比检验结果**

| 效应 | 模型拟合标准 | 似然比检验 | | |
|---|---|---|---|---|
| | 简化后的模型的 −2 倍对数似然值 | 卡方 | df | 显著水平 |
| 截距 | 7. 103E3 | 302. 123 | 6 | 0. 000 |
| 性别 | 6. 839E3 | 38. 105 | 6 | 0. 000 |
| 流动范围 | 6. 972E3 | 171. 414 | 6 | 0. 000 |
| 文化程度 | 6. 967E3 | 166. 459 | 6 | 0. 000 |
| 月工资收入 | 6. 947E3 | 146. 631 | 6 | 0. 000 |
| 月住房支出 | 7. 241E3 | 440. 704 | 6 | 0. 000 |
| 年龄 | 6. 991E3 | 190. 706 | 6 | 0. 000 |

注：卡方统计量是最终模型与简化后模型之间在 −2 倍对数似然值中的差值。通过从最终模型中省略效应而形成简化后的模型。零假设就是该效应的所有参数均为 0。

（2）模型拟合性。伪 $R^2$ 结果表明，六个变量的解释能力从 0. 117 到 0. 212，换言之，影响住房性质有诸多其他因素（见表 16）。

**表 16 模型拟合性检验**

| 拟合方法 | 伪 $R^2$ |
|---|---|
| Cox 和 Snell | 0. 219 |
| Nagelkerke | 0. 252 |
| McFadden | 0. 122 |

（3）回归结果。住房影响因素多项分类 Logistic 估计结果见表 17。

**表 17 住房影响因素多项分类 Logistic 估计结果**

| 项目 | 政府提供廉租房 | 自购房 | 租住私房 |
|---|---|---|---|
| 截距 | − 5. 957(1. 071) *** | − 3. 320(0. 439) *** | 0. 08(0. 403) |
| 性别 | 0. 806(0. 369) | 0. 887(0. 162) *** | 0. 623(0. 153) *** |
| 流动范围 | 0. 567(0. 225) | 0. 749(0. 097) *** | 0. 267(0. 092) ** |
| 文化程度 | 0. 557(0. 197) ** | − 0. 005(0. 084) | − 0. 472(0. 80) *** |
| 月工资收入 | 0. 035(0. 104) | 0. 287(0. 044) *** | 0. 016(0. 40) |
| 月住房支出 | 0. 517(0. 146) *** | 1. 026(0. 09) *** | − 0. 957(0. 089) *** |

续表

| 项目 | 政府提供廉租房 | 自购房 | 租住私房 |
|------|----------------|--------|----------|
| 年龄 | -0.173(0.176) | -0.437(0.073) *** | 0.044(0.069) |

注：表中报告的是非标准化回归系数，括号中的数值是标准误。依赖变量的参考类别为租住单位/雇主房，表中省略了其他类别的回归结果。显著性水平 * 表示 $P < 0.1$，** 表示 $P < 0.05$，*** 表示 $P < 0.01$。

截距项。回归结果表明，截距项对政府提供廉租房、自购房影响显著，租住私房影响不显著，说明在除了性别、流动范围、文化程度、月工资收入、月住房支出、年龄外，还有其他因素影响流动人口选择政府提供廉租房与购房。

性别。回归结果表明，性别对政府提供廉租房影响不显著，对自购房、租住私房影响显著。说明女性比男性更倾向于买房或者租房，但自购房的系数为 0.887，租房私房的系数 0.623，在流动范围、文化程度、月工资收入、月住房支出、年龄相同条件下，女性买房意愿比租房意愿更强烈。

流动范围。回归结果表明，流动范围对政府提供廉租房影响不显著，对自购房、租住私房影响显著。在三种流动范围中，流动范围越近，越容易在流入地选择买房或者租房，自购房的系数为 0.749，租住私房的系数为 0.267。流动范围对自购房影响更大。

文化程度。回归结果表明，文化程度对政府提供廉租房与租住私房影响显著，对自购房影响不显著。在政府提供廉租房这一选择中，系数为 0.557，说明文化程度越高，越倾向于选择政府提供廉租房，而不是租住单位/雇主房，在租住私房中，系数为 -0.472，说明文化程度越高越不愿意租房。

月工资收入。回归结果表明，月工资收入对自购房结果显著，对政府提供廉租房、租住私房不显著。自购房中系数为正，说明工资越高越愿意在流入地买房。

月住房支出。回归结果表明，月住房支出对政府提供廉租房、自购房、租住私房都显著。政府提供廉租房、自购房、租住私房的系数分别为

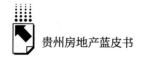
0.517、1.026、-0.957，说明月住房支出越多，流动人口越倾向于买房；月住房支出越多，越不愿意租房。在其他条件不变的情况下，住房支出增加，买房的可能性最大。

年龄。回归结果表明，年龄对自购房影响显著，对政府提供廉租房、租住私房不显著。在对自购房影响中，流动人口年龄越大越倾向于在流入地买房。

综上所述，影响买房显著的因素有：性别、流动范围、月工资收入、月住房支出、年龄，其回归系数分别为 0.887、0.749、0.287、1.026、-0.437；影响最大的是月住房支出，其后依次是性别、流动范围、年龄，月工资收入影响最小。影响租住私房（商品房）显著的因素有：性别、流动范围、文化程度、月住房支出，其回归系数分别是：0.623、0.267、-0.472、-0.957；影响最大的是月住房支出，影响最小的是流动范围。同时影响买房和租住商品房的显著因素有性别、流动范围、月住房支出三个因素，月住房支出的影响最大；三个因素对买房的影响均大于对租住商品房的影响。

影响政府提供廉租房显著的因素有：文化程度、月住房支出。这与政府住房保障政策基本一致。一是为引进人才提供住房保障，二是为住房困难群体提供住房保障。

### （四）主要结论

第一，贵州流动人口的住房性质以租住私房为主，其次是自购房/自建房，两者合计超过86%。从 2011 年到 2017 年，租住私房的流动人口比例从 76.7% 下降到 60.1%；自购房/自建房的比例从 9.6% 增加到 27.5%。

第二，贵州流动人口获得保障房的比例低，但增幅大。从 2011 年的 0.2% 增加到 2017 年的 0.7%。获得保障房的流动人群更可能将户口迁移到城镇。

第三，贵州流动人口住房支出占收入的比重呈现下降趋势，2011 年为 14.3%、2015 年为 12.2%、2017 年为 11.9%。

第四，显著影响买房的因素有：性别、流动范围、月工资收入、月住房支出、年龄，其回归系数分别为 0.887、0.749、0.287、1.026、－0.437。显著影响租住私房的因素有：性别、流动范围、文化程度、月住房支出，其回归系数分别是：0.623、0.267 意、－0.472、－0.957。同时显著影响买房和租住私房的因素有性别、流动范围、月住房支出，三个因素对买房的影响均大于对租住私房的影响。

第五，显著影响政府提供廉租房的因素有：文化程度、月住房支出。这与政府住房保障政策基本一致。一是为引进人才提供住房保障，二是为住房困难群体提供住房保障。

第六，城市硬环境（教育、交通、生活便利）是吸引流动人口在本地定居的关键因素；同时，城市软环境（个人发展空间、积累工作经验）也至关重要。

## 三 建议

对政府的建议。第一，不断完善房屋中介制度。租房是流动人口首选的居住形式，大量流动人口进入城市，必然催生大量的租房需求，要让流动人口合法、安全租到自己满意的住房，从而有利于流动人口流入城市。第二，不断完善城镇硬环境和软环境，切实解决流动人口后顾之忧，增加流动人口定居意愿，为城市发展储备充足的人力资本。第三，不断扩大流动人口的住房保障覆盖面，吸引更多高层次人口落户贵州。

对企业的建议。流动人口是重要住房消费群体，对房屋中介企业，需要针对流动人群制定切实可行的营销模式。对房地产开发企业，从供给侧改革入手，加强流动人口需求市场调研，开发适销对路的产品。对金融企业，关注流动人口住房需求，开发切实可行的流动人口住房金融产品。

# Abstract

*Annual Report on the Development of Guizhou's Real Estate No. 6* ( *2019* ) explores the development trend of the real estate market in Guizhou province with rigorous style, neutral angle, unique perspective, detailed data and scientific theory. The book was divided into General Report, Reports on Land, Report on Housing Security, Reports on Finance, Reports on County and District Subjects and Special Reports. The General Report makes a comprehensive analysis on the development of the real estate market in Guizhou Province in 2018. The rest of the Reports analyse the development of the real estate market in Guizhou province from different angles. The detailed data of the reports truly and objectively reflect the real estate development in each city ( state ) in the previous year, and have a positive reference value for the development of the real estate industry in each city ( state ) .

Poverty has been a problem in Guizhou Province for hundreds of years. Precise poverty alleviation is the only way to solve the problem. The report titled "Poverty Alleviation, Housing First: Summary and Prospect of a Precise Poverty Alleviation Model in Guizhou Province guided by the Improvement of Housing Conditions" shows the achievements of Guizhou Province in poverty alleviation. Poverty alleviation starts with stable residence, while pleasure is based on stable residence.

In 2018, the real estate market in Guizhou Province was more differentiated, the supply and demand of residential commercial housing were booming, the demand of other commercial housing was shrinking, and the real estate market in nine cities was quite different. The growth rate of new construction area of commercial housing was 80. 4% , which was much higher than the national average growth rate and reached a new record. The growth rate of sales price and sales area, investment, construction area and completed area of commercial housing was higher than the national average. Among the 9 cities, 8 cities have increased in the sales price of commercial housing, of which Guiyang has the highest increase of 29.1% , while Anshun has fallen by 2.4% . In addition, real estate development investment in southwestern Guizhou had the highest growth rate of 42.5% , while the other four regions declined ( Guiyang, Bijie, Liupanshui, southeastern Guizhou) . The sales area of commercial housing in Zunyi had the highest growth rate, the proportion exceeds that in Guiyang for the first time.

In 2019, we expect that Guizhou's real estate supply will continue to increase, while the growth rate of commercial housing sales area and sales price will decrease.

**Keywords**: Differentiation; Guizhou Province; Real Estate Market

# Preface

In 2018, the program "Half-hour Economy" of CCTV gave me a special interview on the year-on-year rise in house price in Guiyang City. In response to the reporter's question, I mentioned that the "Blue Book of Real Estate of Guizhou" actually predicted this as early as six months ago. We predicted that "the average price of commercial residential housing in Guiyang in 2017 was about 20% lower than that of the surrounding capital cities, and the market state of house price depression will change greatly in 2018." As we expected, the house price in Guiyang rose 30% year-on-year in June 2018. The CCTV program host affirmed our prediction and price depression research when the program was broadcast.

The most difficult thing in market research is to have an accurate expectation on the development and trend of the market. Since the publication of Blue Book of Real Estate of Guizhou for five years, the expectations of Guizhou real estate market have all reached rational and realistic results.

This book is the sixth "Blue Book of Real Estate of Guizhou" that edited and published by our institute. This book reviews and summarizes the contribution of real estate to the social and economic development of Guizhou in the past ten years, and publishes the latest scientific research achievements of our institute, "Poverty Alleviation, Housing First: Summary and Prospect of a Precise Poverty Alleviation Model in Guizhou Province guided by the Improvement of Housing Conditions". We will never forget our initial intention, adhere to the motto of "Scientific Innovation and Teaching Application", and strive to make contributions to the social and economic development of Guizhou Province.

# Contents

## I  General Report

**Abstract:** In 2018, the real estate market in Guizhou Province was more differentiated, the supply and demand of residential commercial housing were booming, the demand of other commercial housing was shrinking, and the real estate market in nine cities was quite different. The growth rate of new construction area of commercial housing was 80. 4% , which was much higher than the national average growth rate and reached a new record. The growth rate of sales price and sales area, investment, construction area and completed area of commercial housing was higher than the national average. Among the 9 cities, 8 cities have increased in the sales price of commercial housing, of which Guiyang has the highest increase of 29. 1% , while Anshun has fallen by 2. 4% . In addition, real estate development investment in southwestern Guizhou had the highest growth rate of 42. 5% , while the other four regions declined ( Guiyang, Bijie, Liupanshui, southeastern Guizhou) . The sales area of commercial housing in Zunyi had the highest growth rate, the proportion exceeds that in Guiyang for the first time.

In 2019, we expect that Guizhou's real estate supply will continue to increase, while the growth rate of commercial housing sales area and sales price will decrease.

**Keywords:** Guizhou Province; Real Estate Market ; Differentiation

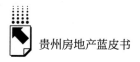

# II   Reports on Land

## B. 2   Review and Prospect of Land Market in Guizhou （2018）

*Xia Gang，He Kun* / 041

**Abstract:** In 2018, economical and intensive utilization of land resources in the land supply market in Guizhou was promoted, the post-approval supervision of construction land was strengthened, the survey of unused land, idle land, and inefficient land in the whole province has been actively promoted, the mechanism of "Increasing Deposit Linkage Policy" of construction land was implemented, and the reactivation of land stock was strengthened. The dynamic monitoring and supervision system of the land market was used to carry out the clean-up of idle land according to the list of supervision problems, the annual target of the decline of the construction land area of the unit GDP was issued, and the clean-up of late payment of the land transfer fee was carried out. Due to the strictest system of economical and intensive utilization of land, the average unit of GDP construction land consumption in the province has been showing a downward trend. Meanwhile, the allocation and supply of the land market in Guizhou Province were developed simultaneously. The total supply and the number of land parcel kept growing. The degree of land marketization further improved, the average price of all kinds of land sale in the province was on the rise, and the income of land sale increased greatly.

**Keywords:** Guizhou; Land Market; Land Sales Revenue; Real Estate Development Land

## B. 3   The Report on Land Auction of Guiyang in 2018

*Wu Tingfang，Hu Dieyun* / 057

**Abstract:** In 2018, real estate development in Guiyang City completed an investment of 98. 596 billion yuan, a decrease of 3. 9% over the same period last year. The number of commodity house sales in Guiyang was 11. 1897 million $M^2$, an increase of 3. 8% compared with last year. During the year, the inventory area of commercial housing was 10. 4974 million $M^2$, the destocking cycle was 12 months, the inventory and destocking cycle were controlled within a reasonable range. Generally speaking, the real estate market was running smoothly. Influenced by the regulatory policy, the main indicators of real estate maintained growth while the growth rate showed a downward trend.

**Keywords**: Policy of Regulatory Control; Slowdown in Growth Rate; Stable Operation

# Ⅲ Report on Housing Security

B. 4   Operation Analysis of Guizhou Housing Accumulation

Fund in 2018                                                   *Zhang Shijun* / 072

**Abstract**: In 2018, the housing accumulation fund of the province continued to maintain a healthy and stable development trend. The deposit coverage of housing accumulation fund has been expanding. The withdrawal and loan business of housing accumulation fund were steadily promoted while the risk was well controlled. The amount of accumulative fund and value-added revenues had a modest increase, which has brought good social and economic benefits. It's necessary to expand the deposit coverage of housing accumulation fund, strengthen policy compliance inspection and risk investigation, and constantly improve relevant laws and regulations.

**Keywords**: Guizhou Province; Housing; Accumulation Fund

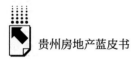

# Ⅳ　Reports on Finance

## B. 5　The Real Estate Enterprise Financing in Guizhou Province

*Wu Tingfang, Ye Qian and Li Jian* / 082

**Abstract:** In 2018, the basic policy of "no speculation in housing" was implemented in Guizhou and the investment in real estate development has been steadily increasing at a slowly rate. The real estate loans of financial institutions in the province kept growing, and the growth rate was higher than the average growth rate of all loans in the province. At the end of the year, real estate loans accounted for 25. 7% of the whole province's loan balance, in which the landed property development loans and house property development loans showed a different increasing degree.

**Keywords:** Real Estate Enterprise; Enterprise Financing; Market Regulation; Housing Financial Service

## B. 6　The Real Estate Consumer Financing in Guizhou Province

*Wu Tingfang, Ye Qian and Li Jian* / 086

**Abstract:** The housing credit policy is one of the means for local government to regulate and control the real estate market. In 2018, Guiyang Branch of the People's Bank of China continued to implement differential housing credit policy based on different cities' condition , carried out the real estate financial policy of "Different City, Different Policy" and focused on supporting the rigid and improving demands of residents for housing. In 2018, the loans for enterprises and individuals in Guizhou Province showed a trend of "one decline and one increase. " The balance of housing purchase loans of enterprises was 1. 5 billion yuan, a decrease of 230 million yuan over the previous year, accounting for a small proportion of the balance of housing purchase loans. The proportion of individual housing purchase loan to the balance of housing purchase loan was 99. 6% , which was the main component of housing purchase loan. The balance of individual housing loan from financial institutions in the province was 343. 93 billion yuan, an increase of 22. 7 percent over the same period last year.

**Keywords**: Consumer Financing; Real Estate Credit Business; Individual Housing Loan

# V   Reports on County and District Subjects

B. 7   Report on the Real Estate Market of Guiyang City in 2018

*Research Group of Guiyang City Housing and Urban and Rural*

*Construction Bureau* / 089

**Abstract**: In 2018, under the leadership of the municipal Party committee and the municipal government, the major policy decisions and arrangements of the CPC Central Committee and the provincial government were conscientiously implemented in Guiyang. We adhere to the position that "houses are used for living, not for speculation", conscientiously implemented the main responsibility of real estate market regulation and control. The real estate market remains stable on the whole in the past year, and the industry has played a prominent role in promoting the sustained economic growth of the whole city. According to the statistical data, in 2018, the investment in real estate development in Guiyang City has reached 98. 596 billion yuan, an decrease of 3. 9% over the same period last year, the number of commodity house sales was 11. 1897 million $M^2$, an increase of 3. 8% compared with last year ; the city's average price of new commercial housing sales was 8426 yuan per square meter, an increase of 35. 2% over the previous year. By the end of December 2018, the inventory of commercial housing was 10. 4277 million $M^2$. The destocking cycle of the whole city's commodity housing was 12 months, which was at a reasonable level.

**Keywords**: Guiyang City; Real Estate Market; Regulation and Control

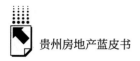
## B. 8　Report on the Real Estate Market of Liupanshui City in 2018

*Research Group of Liupanshui City Housing and Urban and Rural*

*Construction Bureau* / 094

**Abstract**: In 2018, the government of Liupanshui paid close attention to the implementation of national and provincial policies on the real estate market, adhered to the principle that "houses are used for living, not for speculation", the commercial housing market order got further standardization. The brand effect of "Cool City" in Liupanshui has initially emerged, which has driven the development of tourism real estate, leisure and health preservation, and so on. The overall real estate market showed a steady development trend.

**Keywords**: Liupanshui City; Real Estate Market; Destocking

## B. 9　Report on Real Estate Market of Zunyi City in 2018

*Research Group of Zunyi City Housing and Urban and Rural*

*Construction Bureau* / 099

**Abstract**: In 2018, the major policy decisions and arrangements of the CPC Central Committee and the provincial government were conscientiously implemented in Zunyi city. Take steady progress as the general tone of work, we have deeply promoted the supply-side structural reform of real estate, strengthened market supervision, the real estate market maintained steady and healthy development. The investment in real estate development has increased steadily, the market was booming both in supply and sale, the price increased steadily, and the inventory of commodity housing was in a reasonable and controllable range.

**Keywords**: Zunyi City; Real Estate Market; Destocking

B. 10　Annual Report on Real Estate Market of Anshun City in 2018

*Research Group of Anshun City Housing and Urban and Rural*

*Construction Bureau* / 105

**Abstract:** In 2018, according to local conditions, we insisted in implementing policies based on different categories and cities. Further deepening the understanding and fully understand the connotation and essence of the central government's economic work proposal that "houses are used for living, not used for speculation," and strengthen supervision of the real estate market to ensure a steady and healthy development of the city's real estate market. The investment in fixed assets for the whole year increased by 14.0% over last year while the investment in real estate development of enterprises increased by 30.9%. For the whole year, the sales area of commercial housing was 2.3939 million square meters, an increase of 7.6 percent. By the end of the year, there were 80 qualified construction enterprises, an increase of 13 over the end of last year. The total output value of the construction industry for the whole year was 6.428 billion yuan, an increase of 47.2 percent over the previous year.

**Keywords:** Anshun City; Real Estate; Classification Control; Market Supervision and Regulation

B. 11　Market Analysis Report on Real Estate Market of Bijie City

in 2018　*Research Group of Bijie City Housing Urban and Rural*

*Construction Bureau* / 111

**Abstract:** After more than ten years of construction, the quality of commercial housing and living environment in Bijie city have improved significantly. The scattered dot-shaped development form in the old urban area has gradually changed, and the development form gradually changed from living to livable. At present, the real estate industry and the real estate market in Bijie City are in the stage of rapid development from the initial stage to the mature stage. The

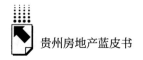

overall supply and demand of the real estate market is balanced, and there is also a healthy development and appropriate deployment. In addition, the opening of Chengdu-Guizhou high-speed railway will further promote the steady and healthy development of the real estate market in our city.

**Keywords**: Bijie City; Real Estate Manket; Rent

B. 12   Market Analysis Report on Real Estate Market of

Tongren City in 2018

*Research Group of Tongren City Housing and Urban and Rural*

*Construction Bureau* / 118

**Abstract**: In the past year, under the leadership of the Municipal Party Committee and the Municipal Government, we adhered to the guiding ideology of socialism with Chinese characteristics in the new era of Xi Jinping, and conscientiously implemented a series of important guiding spirits of the Nineteenth National Congress of the Party and General Secretary Xi Jinping for the work of Guizhou Province. The major policy decisions and arrangements of the CPC Central Committee and the provincial and municipal government were also conscientiously implemented. Focusing on the goal of building "one demonstration district, five places", the target tasks of real estate investment and sales area of commercial housing have been well accomplished.

**Keywords**: Tongren City; Real Estate Market; Investment; Sale

B. 13   Market Analysis Report on Real Estate Market of Southwestern

Guizhou in 2018

*Research Group of Southwestern Guizhou Housing and Urban and Rural*

*Construction Bureau* / 124

**Abstract**: The goal of high-quality development of real estate in

Southwestern Guizhou is to plan and build a number of high-quality buildings, increase housing inventory, effective housing supply, and housing options reasonably, so as to enhance the satisfaction of the people with the living environment as the ultimate goal. At the same time, improve the supporting infrastructure construction so as to make people's life more convenient, connect and match the functions of the old and new urban areas, improve the functional areas, and satisfy people's desire for good housing conditions

**Keywords:** Southwestern Guizhou; Real Estate Market; Housing Security

B. 14 Market Analysis Report on Real Estate Market of Southeastern Guizhou in 2018

*Research Group of Southeastern Guizhou Housing and Urban and Rural*

*Construction Bureau / 130*

**Abstract:** After the adjustment in 2017, the investment in real estate development in Southeastern Guizhou tends to rebound in 2018, the sales area of newly built commercial housing kept increasing, and the sales price were rising under the influence of many factors, which was similar to other cities of the country and the western fourth-tier cities. The real estate market in the whole city developed steadily and healthily. In 2018, the new construction area of houses and projects under construction rebounded in Southeastern Guizhou, and the proportion of office buildings and commercial buildings gradually expanded. The real estate industry in the state was gradually transforming and adjusting, in line with the market expectations. The sales price of new commercial housing in the whole state was affected by many factors, which was synchronized with the fourth-tier cities in the whole country. Kaili City was greatly affected by the improvement of the quality of the project, the adsorption effect of the central city of the state and the superposition effect of supply and demand.

**Keywords:** Southeastern Guizhou; Real Estate Market; Market Tendency

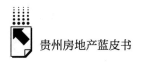
**Abstract**：2018 is the beginning year of the implementation of the spirit of the Nineteenth National Congress of the Party in an all-round way, and also the key year to fight against poverty. The urban and rural construction and Planning Committee of Southern Guizhou vigorously promoted the strategic implementation of new urbanization in mountainous areas, intensified the urban construction and accelerated the pace of infrastructure construction. The annual target tasks of investment in urban construction, sale of commercial housing and output value of construction industry have been well accomplished. Urban infrastructure has been continuously strengthened, housing security for the masses has been improved, living environment has been continuously improved, and new achievements have been made in urban construction.

**Keywords**：Southern Guizhou；Real Estate Market；New Urbanization

# Ⅵ　Special Reports

**Abstract**：The transformation of dilapidated building in rural areas and the relocation of migrants from other places are important decisions made by the central government to fight against poverty. With the goal of poverty alleviation, the

Guizhou Provincial Government insists that the transformation of dilapidated building in rural areas and the relocation of poverty alleviation in other places be the important grasps to realize the housing security of the poor people. In this process, great achievements have been made, and some experiences have been formed, which can effectively promote the process of poverty alleviation and help to achieve the goal of poverty alleviation. However, there are still some challenges in the process of renovation of dilapidated building and relocation of migrants from other places. The transformation of dangerous houses in rural areas and the relocation of migrants from other places should not only solve the housing problems faced by farmers, but also consider the follow-up development issues. Therefore, the most effective way is to integrate these measures into the whole of sustainable development and take both short-term and long-term goals into account.

**Keywords**: Precise Poverty Alleviation; Transformation of Dilapidated Building; Relocation of Migrants; Sustainable Poverty Alleviation; Poverty Control

## B. 17　Ten Years Review of Guizhou Real Estate Market

*Wu Tingfang, Yu Can* / 167

**Abstract**: Guizhou real estate market developed steadily from 2009 to 2018. In the past ten years, the total investment in real estate development was 1630. 638 billion yuan, with a total newly started area of 382. 1582 million $M^2$ and a total completed area of 174. 3561 million $M^2$. The total sales area of commercial housing was 311. 7289 million $M^2$, of which 268. 7721 million $M^2$ were residential sales area. The real estate market in Guizhou Province was dominated by Guiyang City in the early stage. Guiyang City accounted for a relatively high proportion of the real estate indexes, and the development of each region gradually tended to be balanced in the later stage.

**Keywords**: Guizhou Province; Real Estate Market; Ten Years' Review

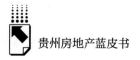
贵州房地产蓝皮书

B. 18 Analysis Report on the Housing Situation of the Floating Population in Guizhou

*Xia Gang, Li Hualing and Liang Chuanjiang / 177*

**Abstract:** Housing is an important factor affecting population mobility. In this paper, the author uses the "China Mobile Population Dynamic Monitoring Survey Data (CMDS)" of the National Health Commission to analyze the housing situation of the floating population in Guizhou Province. The results show that the floating population mainly rents commercial houses, followed by purchases houses. From 2011 to 2017, the proportion of purchasing house increased from 9.6% to 27.5%, and the proportion of renting commercial house decreased from 76.7% to 60.1%. The results of regression analysis show that gender, mobility range, wage level, housing expenditure, age and other variables have a significant impact on the decision of purchasing house, while gender, mobility range, education level, housing expenditure and other variables have a significant impact on the decision of renting commercial housing. Finally, the corresponding suggestions are put forward.

**Keywords:** Floating Population; Guizhou; Purchasing Houses; Renting Houses

社会科学文献出版社

**皮书系列**

## ❖ 皮书起源 ❖

"皮书"起源于十七、十八世纪的英国，主要指官方或社会组织正式发表的重要文件或报告，多以"白皮书"命名。在中国，"皮书"这一概念被社会广泛接受，并被成功运作、发展成为一种全新的出版形态，则源于中国社会科学院社会科学文献出版社。

## ❖ 皮书定义 ❖

皮书是对中国与世界发展状况和热点问题进行年度监测，以专业的角度、专家的视野和实证研究方法，针对某一领域或区域现状与发展态势展开分析和预测，具备原创性、实证性、专业性、连续性、前沿性、时效性等特点的公开出版物，由一系列权威研究报告组成。

## ❖ 皮书作者 ❖

皮书系列的作者以中国社会科学院、著名高校、地方社会科学院的研究人员为主，多为国内一流研究机构的权威专家学者，他们的看法和观点代表了学界对中国与世界的现实和未来最高水平的解读与分析。

## ❖ 皮书荣誉 ❖

皮书系列已成为社会科学文献出版社的著名图书品牌和中国社会科学院的知名学术品牌。2016年，皮书系列正式列入"十三五"国家重点出版规划项目；2013~2019年，重点皮书列入中国社会科学院承担的国家哲学社会科学创新工程项目；2019年，64种院外皮书使用"中国社会科学院创新工程学术出版项目"标识。

# 中国皮书网

（网址：www.pishu.cn）

发布皮书研创资讯，传播皮书精彩内容
引领皮书出版潮流，打造皮书服务平台

## 栏目设置

关于皮书：何谓皮书、皮书分类、皮书大事记、皮书荣誉、
　　　　　皮书出版第一人、皮书编辑部

最新资讯：通知公告、新闻动态、媒体聚焦、网站专题、视频直播、下载专区

皮书研创：皮书规范、皮书选题、皮书出版、皮书研究、研创团队

皮书评奖评价：指标体系、皮书评价、皮书评奖

互动专区：皮书说、社科数托邦、皮书微博、留言板

## 所获荣誉

　　2008 年、2011 年，中国皮书网均在全
国新闻出版业网站荣誉评选中获得"最具
商业价值网站"称号；

　　2012 年,获得"出版业网站百强"称号。

## 网库合一

　　2014 年，中国皮书网与皮书数据库端
口合一，实现资源共享。

**权威报告·一手数据·特色资源**

# 皮书数据库
## ANNUAL REPORT(YEARBOOK)
## DATABASE

## 当代中国经济与社会发展高端智库平台

### 所获荣誉

- 2016年，入选"'十三五'国家重点电子出版物出版规划骨干工程"
- 2015年，荣获"搜索中国正能量 点赞2015""创新中国科技创新奖"
- 2013年，荣获"中国出版政府奖·网络出版物奖"提名奖
- 连续多年荣获中国数字出版博览会"数字出版·优秀品牌"奖

### 成为会员

通过网址www.pishu.com.cn访问皮书数据库网站或下载皮书数据库APP，进行手机号码验证或邮箱验证即可成为皮书数据库会员。

### 会员福利

- 已注册用户购书后可免费获赠100元皮书数据库充值卡。刮开充值卡涂层获取充值密码，登录并进入"会员中心"—"在线充值"—"充值卡充值"，充值成功即可购买和查看数据库内容。
- 会员福利最终解释权归社会科学文献出版社所有。

数据库服务热线：400-008-6695
数据库服务QQ：2475522410
数据库服务邮箱：database@ssap.cn
图书销售热线：010-59367070/7028
图书服务QQ：1265056568
图书服务邮箱：duzhe@ssap.cn

社会科学文献出版社 皮书系列
SOCIAL SCIENCES ACADEMIC PRESS (CHINA)
卡号：419121713524
密码：

# S 基本子库
## UB DATABASE

### 中国社会发展数据库（下设 12 个子库）

全面整合国内外中国社会发展研究成果，汇聚独家统计数据、深度分析报告，涉及社会、人口、政治、教育、法律等 12 个领域，为了解中国社会发展动态、跟踪社会核心热点、分析社会发展趋势提供一站式资源搜索和数据分析与挖掘服务。

### 中国经济发展数据库（下设 12 个子库）

基于"皮书系列"中涉及中国经济发展的研究资料构建，内容涵盖宏观经济、农业经济、工业经济、产业经济等 12 个重点经济领域，为实时掌控经济运行态势、把握经济发展规律、洞察经济形势、进行经济决策提供参考和依据。

### 中国行业发展数据库（下设 17 个子库）

以中国国民经济行业分类为依据，覆盖金融业、旅游、医疗卫生、交通运输、能源矿产等 100 多个行业，跟踪分析国民经济相关行业市场运行状况和政策导向，汇集行业发展前沿资讯，为投资、从业及各种经济决策提供理论基础和实践指导。

### 中国区域发展数据库（下设 6 个子库）

对中国特定区域内的经济、社会、文化等领域现状与发展情况进行深度分析和预测，研究层级至县及县以下行政区，涉及地区、区域经济体、城市、农村等不同维度。为地方经济社会宏观态势研究、发展经验研究、案例分析提供数据服务。

### 中国文化传媒数据库（下设 18 个子库）

汇聚文化传媒领域专家观点、热点资讯，梳理国内外中国文化发展相关学术研究成果、一手统计数据，涵盖文化产业、新闻传播、电影娱乐、文学艺术、群众文化等 18 个重点研究领域。为文化传媒研究提供相关数据、研究报告和综合分析服务。

### 世界经济与国际关系数据库（下设 6 个子库）

立足"皮书系列"世界经济、国际关系相关学术资源，整合世界经济、国际政治、世界文化与科技、全球性问题、国际组织与国际法、区域研究 6 大领域研究成果，为世界经济与国际关系研究提供全方位数据分析，为决策和形势研判提供参考。

# 法律声明

　　“皮书系列”（含蓝皮书、绿皮书、黄皮书）之品牌由社会科学文献出版社最早使用并持续至今，现已被中国图书市场所熟知。“皮书系列”的相关商标已在中华人民共和国国家工商行政管理总局商标局注册，如LOGO（▧）、皮书、Pishu、经济蓝皮书、社会蓝皮书等。“皮书系列”图书的注册商标专用权及封面设计、版式设计的著作权均为社会科学文献出版社所有。未经社会科学文献出版社书面授权许可，任何使用与“皮书系列”图书注册商标、封面设计、版式设计相同或者近似的文字、图形或其组合的行为均系侵权行为。

　　经作者授权，本书的专有出版权及信息网络传播权等为社会科学文献出版社享有。未经社会科学文献出版社书面授权许可，任何就本书内容的复制、发行或以数字形式进行网络传播的行为均系侵权行为。

　　社会科学文献出版社将通过法律途径追究上述侵权行为的法律责任，维护自身合法权益。

　　欢迎社会各界人士对侵犯社会科学文献出版社上述权利的侵权行为进行举报。电话：010-59367121，电子邮箱：fawubu@ssap.cn。

社会科学文献出版社